Steffen Hentrich (Hrsg.)

Eigentum und Umweltschutz
Über die institutionellen Voraussetzung der Nachhaltigkeit

**Argumente der Freiheit**

# Eigentum und Umweltschutz

Steffen Hentrich (Hrsg.)

Mit Beiträgen von:
Rögnvaldur Hannesson
Rolf D. Baldus und Michael Miersch
Graham Dawson

liberal Verlag
Universum Kommunikation und Medien AG
Berlin 2011

Impressum:
1. Auflage, März 2011
© 2010 liberal Verlag Universum Kommunikation & Medien AG

Umschlag
Gestaltung: altmann-druck GmbH

Satz und Druck: altmann-druck GmbH, Berlin
Printed in Germany - ISBN 978-3-942928-01-4

Titelfoto: fotolia/Butch

# Inhalt

**Steffen Hentrich**
Eigentum und Umweltschutz –
Eine thematische Einführung .................................... 7

**Rögnvaldur Hannesson**
Die Entwicklung von Eigentumsrechten in der
globalen Fischereiwirtschaft ..................................... 26

**Rolf D. Baldus und Michael Miersch**
Mit Verbots-Naturschutz werden wir
Afrikas Tierwelt nicht retten ...................................... 73

**Graham Dawson**
Freie Märkte, Eigentumsrechte und Klimawandel:
Wege zur Privatisierung der Klimapolitik ................ 96

**Die Autoren / Herausgeber** ................................ 157

# Eigentum und Umweltschutz – eine thematische Einführung

**Steffen Hentrich**

Privates Eigentum genießt in der öffentlichen Debatte einen ambivalenten Ruf. Zwar reklamieren vor allem die Kritiker der Marktwirtschaft immer wieder die soziale Verantwortung des Privateigentums, doch wird Eigentum von den meisten Bürgern grundsätzlich anerkannt. Kaum jemand stellt privaten Besitz infrage und nur wenige intervenieren, wenn es um die Legitimität von Privateigentum an Vermögensgegenständen wie etwa Immobilien, Aktien oder anderen Finanztiteln geht. Die Kollektivierungsdebatten der Vergangenheit sind seit dem unverkennbaren Scheitern der weltweiten sozialistischen Experimente eher selten geworden. Längst geht es nicht mehr um das Recht auf Eigentum an sich, sondern bestenfalls um die Frage, in welchem Maß der Staat die Nutzungsrechte privaten Eigentums einschränken sollte.

In der Natur- und Umweltschutzdiskussion stößt das private Eigentum hingegen auf weit weniger Wohlwollen. Natürliche Ressourcen wie Wasser, Luft oder gar ganze Ökosysteme werden zumeist mit großer Selbstverständlichkeit als Allgemeingüter wahrgenommen, für die jedermann ein Nutzungsrecht genießt oder der Staat über die Nutzung entscheidet. Privates Eigentum an natürlichen Ressourcen gilt als anrüchig, gar als Ursache für eine Vielzahl der Umweltprobleme unserer Zeit. Den Märkten wird das Versagen beim Schutz der Umwelt angelastet, eine Diagnose, die oberflächlich betrachtet zunächst nicht von der Hand zu weisen ist. Nicht ohne Grund hatte sich über lange Jahre auch die akademische Debatte auf das Versagen des Marktes im Umweltschutz konzentriert, eine Sichtweise, die in der öffentlichen Debatte noch heute vorherrschend ist. Umweltprobleme sind nach traditioneller Lesart die Folge einer übermäßigen Nutzung von Umweltressourcen, in deren Folge die negativen Effekte für die Allgemeinheit vernachlässigt werden. Nichts ist naheliegender, als diese Verlagerung individueller Kosten auf die Schultern aller, privaten Marktakteuren als Verursachern zur Last zu legen. Doch was auf den ersten Blick so einleuchtend erscheint, hält der näheren Analyse nicht stand.

**Umweltprobleme als Ressourcenkonflikte**

Einflüsse des Menschen auf seine natürliche Umwelt sind im Alltag unvermeidbar. Ebenso unvermeidbar ist, dass dies mit Rückwirkungen für das Wohlbefinden und die Lebensqualität verbunden ist. Ursächlich ist die Tatsache, dass die natürlichen Ressourcen des Universums zu einem gegebenen Zeitpunkt jeweils nur einer einzigen Verwendung zugeführt werden können. Es herrscht Nutzungskonkurrenz, die nur jedoch dann nicht auftritt, wenn die Menge der verfügbaren natürlichen Ressourcen ausreicht, die Nutzungsansprüche aller Individuen gleichzeitig ohne gegenseitige Beeinträchtigung erfüllen zu können. Eine Beanspruchung der schieren Menge des atmosphärischen Luftsauerstoffs oder der auf dem Erdball verfügbaren riesigen Wassermassen löst so lange kein Knappheitsproblem aus, wie die Anzahl der Menschen mit Nutzungsansprüchen gering ist und die nachgefragte Menge sich in konfliktfreien Grenzen hält. Steigt der Nutzungsdruck auf die Ressource, ist ein Rationierungsmechanismus nötig, um eine Allokation der Ressource zu erzielen, die sicherstellt, dass der Nutzeffekt der Ressourcenverwendung ein Maximum erreicht. Hierbei hat sich die Allokation über den Marktmechanismus gegenüber anderen Verteilungsverfahren als überlegen erwiesen. Nur wenn die Verteilung auf freiwilligen Tauschvorgängen beruht, ist gewährleistet, dass die jeweiligen Nutzungskonkurrenten für den Verzicht auf die Ressourcennutzung einen angemessen Ausgleich bekommen und sich keines der beteiligten Individuen übervorteilt fühlt.

Güter und Dienstleistungen werden auf Märkten zu einem positiven Preis gehandelt, da die beteiligten Tauschpartner nur so eine Kompensation für den entgangenen Ressourcennutzen erzielen. Wird ein Gut auf dem Markt getauscht, führt das zu einer Erhöhung des Vorteils für beide Tauschpartner: Ein Tausch kommt nur zustande, wenn beide Partner dem jeweils erhaltenen Gut einen höheren Wert beimessen, als sie für den Tausch aufgeben mussten. Je höher die Wertschätzung der Marktteilnehmer für ein Gut oder eine Dienstleistung – das gilt auch für jede beliebige natürliche Ressource – umso höher fällt der Preis aus, zu dem sie den

Besitzer wechselt. Märkte stellen demnach sicher, dass die natürlichen Ressourcen bei demjenigen zum Einsatz kommen, bei dem sie den größten Nutzen erzeugen. Märkte sorgen damit aber auch dafür, dass natürliche Ressourcen nur dann beansprucht werden, wenn der Wert der aus ihnen erzeugten Güter höher ist, als der Wert, den ihre ursprünglichen Nutzer den Ressourcen in ihrem Ausgangszustand beimaßen. Ein freiwilliger Tauschakt setzt jedoch voraus, dass für die gehandelten Güter exklusive Eigentumstitel existieren, die wohldefinierte Nutzungsrechte verbriefen, welche zuverlässig geschützt und ohne Einschränkungen übertragbar sind. Sind diese Bedingungen nicht erfüllt, verliert das Tauschobjekt an Wert, da die Tauschpartner keine hinreichenden Erwartungen über zukünftige Nutzungs- und Verwertungsoptionen bilden können.

Sichere Eigentumsrechte und freiwilliger Tausch sind daher elementare Voraussetzungen für eine effiziente und nachhaltige Nutzung natürlicher Ressourcen. Doch in der Realität sind beide Bedingungen effizienter Märkte nicht immer erfüllt. Oft fehlt eine klare Abgrenzung von Eigentumsrechten an den knappen Ressourcen und eine freiwillige Einigung über die Verwendung von natürlichen Ressourcen kommt aufgrund hoher Transaktions- und Verhandlungskosten nicht zustande. Ronald H. Coase arbeitete in seinem wegweisenden Aufsatz „The Problems of Social Costs" bereits vor fünfzig Jahren heraus, dass Umweltprobleme weniger das Resultat eines Versagens bestehender Märkte, als vielmehr Folge fehlender Voraussetzungen für die Herausbildung von

Märkten sind.[1] Während nach traditioneller Sichtweise im Geiste des Wohlfahrtsökonomen Arthur C. Pigous stets das Verursacherprinzip Anwendung findet, nach dem Umweltprobleme die Folge der schädlichen Wirkung der Ressourcennutzung eines Unternehmens oder Individuums zu Lasten anderer sind, verdeutlichte Ronald H. Coase, dass im Kern eine Verursachersymmetrie besteht.[2] Das Problem „sozialer Zusatzkosten" lässt sich nach Ronald H. Coase als konkurrierender Anspruch mehrerer Individuen auf die Nutzung einer Ressource beschreiben, für die Eigentums- und Nutzungsrechte nicht eindeutig geklärt sind. Leidet etwa eine Vielzahl von Anwohnern einer an ihren Wohnort angrenzenden Industrieanlage unter deren Abgasemissionen, spricht man von sozialen Kosten einer Umweltverschmutzung. Doch diese Kosten fielen nicht an, würden die Bürger nicht im Bereich der Immissionen dieser Industrieanlage leben. Es ist die gemeinsam auftretende, jedoch unkoordinierte Entscheidung von Anwohnern und Unternehmen, die Umgebungsluft zum gleichen Zeitpunkt sowohl als Schad-

---

1 Ronald H. Coase: The Problem of Social Cost; Journal of Law and Economics, 3, 1960, S. 1-44.

2 Arthur C. Pigou (1877 - 1959) war ein britischer Ökonom, der in seinem Buch „The Economics of Welfare" (London: Macmillan & Co., 1920) das von Alfred Marshall erstmals erwähnte Konzept der Externalitäten weiterentwickelte und daraus die Notwendigkeit staatlicher Eingriffe in das Marktgeschehen ableitete. Er schlug daher Abgaben zur Internalisierung negativer externer Effekte und Subventionen zum Ausgleich für die Produktion von positiven Externalitäten vor. Vgl. David R. Henderson (Hrsg.): The Concise Encyclopedia of Economics, Arthus C. Pigou; Liberty Fund, Inc, 2008, S. 577, Online unter: http://www.econlib.org/library/Enc/bios/Pigou.html.

stoffsenke als auch zum Atmen zu nutzen, die das Umweltproblem erzeugt.

Eine weitere Spielart dieser unkoordinierten Ressourcennutzung ist als „The Tragedy of the Commons" (Tragik der Allmende) in die Literatur eingegangen. Hier führt die gemeinsame Nutzung einer Ressource, um die zwar Nutzungskonkurrenz herrscht, aber ein Ausschluss einzelner Nutzer gesellschaftlich nicht gewollt oder technisch nur schwer möglich ist, zu einer Übernutzung und damit zu gesamtgesellschaftlichen Produktivitätsverlusten. Einzelwirtschaftlich rationales Verhalten mündet in kollektiver Verschwendung. Bei ungeklärten Eigentumsrechten besteht für den einzelnen Nutzer der Anreiz, den konkurrierenden Nutzungsansprüchen potenzieller Nachfrager zuvorzukommen und die Intensität der Ressourcennutzung zu erhöhen. Während in einer Situation gesicherter Eigentumsrechte die Aussicht auf zukünftige Erträge eines sparsamen Umgangs mit der Ressource zum Maßhalten anregt, führt die Unsicherheit ungeklärter Eigentumsverhältnisse zu einer möglichst raschen wirtschaftlichen Inanspruchnahme der Ressource. Der für eine nachhaltige Nutzung notwendige sparsame Umgang mit der Ressource und die für eine Werterhaltung notwendigen Investitionen unterbleiben. Erst klare Eigentumsrechte, die eine ausschließliche Nutzung durch einzelne Individuen zulassen, schaffen beim Eigentümer Anreize, die Ressource mit dem Ziel einer langfristigen Nutzenmaximierung werterhaltend zu nutzen.

Ausgehend von dieser Erkenntnis argumentierte Coase, dass es in einer transaktionskostenfreien Welt, unabhängig davon, ob oder wem ein Recht auf die jeweilige Ressourcennutzung zugeordnet wurde, zu einer einvernehmlichen und damit die Nutzen aller maximierenden Beilegung des Ressourcenkonflikts käme. Eine staatliche Intervention zur Internalisierung der „sozialen Zusatzkosten", wie sie Arthur C. Pigou in Form einer Abgabe empfohlen hatte, wäre nicht notwendig. Die beteiligten Parteien würden sich freiwillig über das tolerierbare Ausmaß der Umweltbeeinträchtigung einigen, gegenseitig finanziell kompensieren sowie selbst zu Anpassungsmaßnahmen greifen, bis ein weiterer gegenseitiger Austausch keinen zusätzlichen Nutzen mehr brächte. Bei dieser Einigung käme es zu einem Ausgleich der marginalen Vermeidungs- und Anpassungskosten. Der Ressourcenkonflikt würde zu minimalen Kosten beigelegt. Ebenso wie bei der Internalisierungsabgabe Arthur C. Pigous wäre das optimale Maß der Umweltverschmutzung nicht null, sondern läge auf einem Niveau, bei dem die zusätzlichen Kosten der Vermeidung gerade dem Schaden einer weiteren Schadstoffmenge entsprächen. Solange dieses Niveau noch nicht erreicht ist, wären weitere Maßnahmen lohnenswert, da die damit verbundenen zusätzlichen Kosten geringer als die beseitigten Schäden ausfielen. Oberhalb des optimalen Niveaus ließen sich durch weitere Vermeidungsmaßnahmen zwar weitere Schäden abwehren, jedoch nur zu Kosten, die den eigentlichen Schaden übersteigen.

Aus dieser Perspektive reduziert sich das vermeintliche Marktversagen auf ein Transaktionskostenproblem, das die beteiligten Parteien an einer kooperativen Lösung des Ressourcennutzungskonflikts hindert. Die Sichtweise von Ronald H. Coase führt daher auch zu einer völlig anderen umweltpolitischen Aufgabenstellung als der traditionelle regulative Ansatz. Es geht nicht einfach darum, ein Umweltproblem zu identifizieren, den Schaden zu quantifizieren und einen vermeintlichen Verursacher zur Verantwortung zu ziehen. Vielmehr geht es um die Suche nach rechtlichen Regeln, mit deren Hilfe die Transaktionskosten der Konfliktparteien so weit gesenkt werden können, dass zwischen ihnen Verhandlungen über die Verteilung von Eigentumsrechten zustande kommen, einvernehmliche Kompensationslösungen erreicht werden und die getroffenen Vereinbarungen kontrollierbar sind.

Einfach ist diese Aufgabe nicht, denn oft treten zwischen den beteiligten Parteien sehr hohe Transaktionskosten auf, die eine kooperative Einigung erschweren oder gar unmöglich machen. Neben den Kosten der Identifizierung, der Abgrenzung und des Schutzes der Eigentumsrechte können Transaktionskosten auch Folge individuell rationalen Handelns oder aber auch Ergebnis politischer Entscheidungsprozesse sein. Hohe Koordinationskosten treten beispielsweise auf, wenn Verhandlungsprozesse sehr viele Beteiligte einschließen und dies zu individuellen Anreizen einzelner Verhandlungsteilnehmer führt, sich strategisch zu verhalten und überhöhte Kompensationszahlungen fordern (sog. „Hold-

Out").³ In solchen Situationen lohnt sich auch für den Rest der Beteiligten keine Einigung mehr. Häufig ist es aber auch kaum möglich, nicht kooperative Betroffene von den Nutzeffekten einer Kooperationslösung auszuschließen, sodass jeder Verhandlungsteilnehmer es vorzieht, die Trittbrettfahrerposition einzunehmen. Eine gemeinsame Finanzierung einer Kompensationslösung kommt nicht zustande und den Betroffenen bleibt nur die Option, sich auf eigene Anpassungsmaßnahmen zu beschränken, wohingegen möglicherweise kostengünstigere Vermeidungsmaßnahmen unterbleiben. Diese Probleme wiegen umso schwerer, je mehr Individuen in den Ressourcenkonflikt eingebunden sind. In Familien und kleinen Gruppen, mitunter auch noch in Kommunen, mögen Empathie, Altruismus und soziale Kontrolle „Hold-Out" und Trittbrettfahrerverhalten wirksam unterdrücken, doch auf der Ebene weiträumiger Umweltprobleme mit einer Vielzahl von Betroffenen steht eine eigentumsrechtliche Lösung von Ressourcenkonflikten vor erheblichen Herausforderungen. Bei globalen Umweltproblemen scheinen oft kaum Chancen für eine erfolgreiche Kooperationslösung zu bestehen.

---

3   David D. Friedman: Law's Order, What economics has to do with Law and why it matters; Princeton University Press, 2000, S. 26.

## Die Rolle des Staates

Vor diesem Hintergrund bedarf es zur Beantwortung der Frage nach der Rolle des Staates bei der Lösung von Umweltproblemen zunächst einer Charakterisierung des jeweiligen Ressourcenkonflikts. Pauschale Lösungen und politische Patentrezepte gibt es im Markt- und eigentumsorientierten Umweltschutz nicht. Jedes Umweltproblem wirft erneut zwei wichtige Fragen auf: Weshalb sind die Transaktionskosten so hoch, dass keine Marktlösung erzielt wird? Was ist zu tun, wenn sich die Transaktionskosten nicht so weit senken lassen, dass dem Markt der Ressourcenkonflikt allein überlassen werden kann?

Häufig treten hohe Transaktionskosten auf, weil die Eigentumsrechte an den strittigen Umweltgütern ungeklärt sind. In vielen Fällen traten über lange historische Zeitabschnitte keinerlei Ressourcenkonflikte auf, weil die Nachfrage nach den betreffenden Ressourcen gering war oder die Nutzungskosten mangels verfügbarer Technologien so hoch waren, dass der bescheidene menschliche Zugriff auf eine Ressource keine Nutzungskonkurrenz auslöste. Ob beispielsweise die Luft zum Atmen oder die Versorgung mit Wasser in einer bestimmten Region zu Ressourcenkonflikten führt, hängt ganz entscheidend davon ab, inwieweit die Nutzung durch ein Individuum eine gleichzeitige Nutzung durch andere ausschließt. Manchmal macht erst der technische Fortschritt den Zugriff auf eine Ressource lohnenswert, sodass plötzlich ein Ressourcenkonflikt entsteht. Bestehen in solchen Situationen keine Eigentumsrechte an den zunehmend knapper werdenden Ressourcen, bleiben Nutzungskonflikte nicht aus. In dieser Situation kann der Eingriff des Staates zur Fixierung und Verteidigung von Eigentumsrechten an Umweltressourcen beitragen. Da der Staat das Vertrauen der Bürger als Judikative genießt und er zumeist in der Lage ist, die hierzu nötigen exekutiven Aufgaben vergleichsweise kostengünstig zu lösen, obliegt ihm die Absicherung eines verlässlichen Handlungsrahmens für das reibungslose Funktionieren von Marktprozessen. Wird der Staat dieser Aufgabe hingegen nicht gerecht, entstehen Umweltprobleme.

Nur wenn sich die Bürger auf die Stabilität von Eigentumsrechten an natürlichen Ressourcen verlassen können und in der Lage sind die Ergebnisse ihrer Investitionen individuell zu verwerten, richten sie ihre Eingriffe in den Naturhaushalt auch auf eine langfristige Werterhaltung aus. Unter sicheren Rahmenbedingungen sorgt der Marktmechanismus nicht nur für eine nutzenmaximale Verwertung vorhandener Güter und Dienstleistungen, sondern auch für eine Bewahrung zukünftiger Nutzungsoptionen. Stabilität und Verlässlichkeit des staatlichen Rechtssystems ist somit gerade für den Erhalt des Naturkapitals von entscheidender Bedeutung.

Die Verantwortung des Staates bei der Zuteilung der Eigentums- und Nutzungsrechte konfliktträchtiger Umweltgüter ist auch aus einer weiteren Perspektive nicht zu unterschätzen. Hiermit bestimmt der Staat über die Aufteilung der Kosten zwischen den beteiligten Konfliktparteien und beeinflusst die Transaktionskosten, die eine Lösung des Ressourcenkonflikts erschweren. Je höher diese jedoch ausfallen, umso geringer ist die Wahrscheinlichkeit, dass es zu einer kooperativen Einigung der Konfliktparteien kommt und Marktlösungen realisiert werden. Widerspricht etwa die Anwendung des Verursacherprinzips der existierenden Verteilung der Rechte, steigen die Transaktionskosten und eine effiziente Marktlösung scheitert am Trittbrettfahrerverhalten bzw. strategischen Verhalten derjenigen, die Ansprüche an der Ressourcennutzung anmelden. Nur wenn der vermeintliche Verursacher tatsächlich über die kostengünstigste Methode der Vermeidung der Umweltverschmutzung verfügt, ist auch die konsequente Anwendung des Verursacherprinzips die volkswirtschaftlich günstigste Lösung. Umgekehrt sollte die Umweltpolitik den vermeintlichen Betroffenen die Verantwortung für die Konfliktlösung übertragen, wenn diese Gruppe den Belastungen durch eigene Anpassungsmaßnahmen kostengünstiger aus dem Weg gehen kann. Ronald H. Coases Idee der Verursacherasymmetrie legt nahe, dass die Verfügungsrechte über eine strittige Naturressource so zu verteilen sind, dass die Transaktionskosten ihrer Verteilung, Sicherung und Übertragung möglichst niedrig sind und Trittbrettfahrerverhalten sowie „Hold-Outs" weniger attraktiv sind. Hierzu bedarf es jedoch jeweils einer Einzelfalllösung. Die pauschale Anwendung eines einzigen umweltpolitischen Prinzips der Haftung für Umweltprobleme trägt dahingehend nicht zu einer wirksamen und kostengünstigen Reduzierung von Umweltproblemen bei.

Eine staatliche Zuteilung von Eigentums- und Nutzungsrechten birgt jedoch auch die Gefahr, bei den betroffenen Akteuren Anreize zur Realisierung politischer Gewinne auszulösen. Je nachdem, welche Anfangsverteilung der Staat bezüglich der Rechte an natürlichen Ressourcen vornimmt, beeinflusst er auch die Verteilung des in ihnen verkörperten Vermögens. Mit der Zuweisung der Verantwortung für die Beseitigung von Umweltschäden greift der Staat tief in die Verteilung von Gewinnen und Verlusten zwischen den Konfliktparteien ein. Staatliche Umweltgesetze, die in Form von Auflagen oder Abgaben eine feste Lastenverteilung festlegen, implizieren in aller Regel eine ungleiche Verteilung von Kosten und Nutzen. Auf der Suche nach einem möglichst günstigen Abschneiden in diesem Prozess sind vielfältige Interessengruppen versucht, erhebliche Ressourcen aufzuwenden, um den Prozess der Verteilung der Eigentumsrechte zu ihren Gunsten zu beeinflussen. Unternehmen, Einzelindividuen und Interessenverbände konkurrieren mithilfe ihrer Öffentlichkeitsarbeit, Verbandsaktivitäten, finanzieller Unterstützung für Parteien und öffentliche Institutionen bis hin zu Bestechungsgeldern um die Zuweisung von Nutzungsrechten an Umweltressourcen und eine günstige Stellung im Bezug auf die Verantwortung für die Beseitigung von Ressourcenkonflikten. Obgleich die reine Umverteilung gesamtwirtschaftlich ohne Wohlfahrtsverluste vorgenommen wird, da der Verlust eines Individuums durch Gewinn des anderen kompensiert wird, verursacht der Einsatz von Ressourcen zur Beeinflussung der Verteilung reale Kosten, denen in aller Regel keine gesamtwirtschaftlichen Produktivitätsgewinne gegenüberstehen. Derartiges „Rent Seeking" verursacht für die Gesellschaft reale Kosten in Form entgangener produktiver Nutzungsmöglichkeiten der aufgewendeten Ressourcen.[4] Der Lobbying-Aufwand wird so weit getrieben, bis sich der weitere Einsatz von Ressourcen für die Beeinflussung politischer Entscheidungsprozesse nicht mehr lohnt, da er über die erzielbaren zusätzlichen Verteilungsgewinne steigt. Auf klar abgegrenzten Nutzungsrechten basierende Marktlösungen, die anders als Umweltauflagen und -abgaben nach dem Verursacherprinzip freiwillige Kompensationsgeschäfte ermöglichen und daher alle beteiligten Parteien besser stellen, reduzieren die Anreize von Interessengruppen zu politischem Lobbying dagegen erheblich. Zwar werden mit der Zuteilung der Ressourcennutzungsrechte zunächst auch Vermögen umverteilt, doch erlauben die Kompensationsgeschäfte im Anschluss zwischen den Konfliktparteien einen fairen Ausgleich der Nutzungsinteressen. Künftig besteht dann kein Bedarf mehr für einen neuerlichen staatlichen Eingriff mit Folgen für die Verteilung des Naturvermögens.

---

4 Den „Begriff des „Rent Seeking" prägte Anne Krueger in dem Aufsatz „The Political Economy of the Rent-Seeking Society" (American Economic Review 64, 1974, S. 291-303), wobei das Konzept ursprünglich von Gordon Tullock in „The Welfare Consequences of Tariffs, Monopoly and Theft" (Western Economic Journal 5, 1967, S. 224-232) formuliert wurde.

**Eigentumsorientierte Umweltpolitik**

Traditionelle Lösungsansätze in der Umweltpolitik machen von diesen Erkenntnissen bislang eher selten Gebrauch. Es wundert daher wenig, dass viele Umweltprobleme bislang noch nicht beseitigt werden konnten oder häufig ein sehr hoher Kostenaufwand beklagt wird. Oft trägt die Umweltpolitik selbst zur Verschärfung der Ressourcenkonflikte bei. Lokale Wasserknappheit, die Abholzung von Urwäldern, die Ausrottung seltener Tierarten, die Überfischung der Weltmeere, ja selbst der Klimawandel, zumindest der dem Menschen zugeschriebene Beitrag zu globalen Klimaveränderungen, sind ungelöste Probleme, den mit Verboten, Grenzwerten oder Abgaben bislang nicht beizukommen war. All diese Umweltprobleme haben eine Gemeinsamkeit, es fehlt eine klare Zuordnung von Eigentumsrechten an den betreffenden Naturressourcen. Findet sie statt, wird aber zu wenig Rücksicht auf die Transaktionskosten der möglichen Konfliktlösungen genommen, sodass kein Marktprozess in Gang kommt. Die Folge ist eine ineffiziente Übernutzung der natürlichen Ressourcen. In anderen Fällen wiederum wird durch die Anwendung pauschaler Verbote und Grenzwerte oder aber auch durch die Einführung von Abgaben eine effiziente Ressourcennutzung verhindert.

Der vorliegende Sammelband umfasst drei besonders illustrative Beispiele derartiger Umweltprobleme. Seien es die Institutionen zum Schutz der globalen Fischbestände, der schwierige Kampf gegen die Wilderei in Afrikas Naturreservaten oder die verzweifelte Suche nach einer globalen Lösung der anthropogenen Klimaerwärmung, allen drei Umweltproblemen liegt das Fehlen von Institutionen zugrunde, die eine eindeutige Zuordnung von Nutzungsrechten erlauben.

Der norwegische Ressourcenökonom Rögnvaldur Hannesson erläutert in seinem Aufsatz „Die Entwicklung von Eigentumsrechten in der globalen Fischereiwirtschaft" den langwierigen Weg hin zu einer nachhaltigen Bewirtschaftung der globalen Fischbestände und zeigt dabei auf, wie soziale, kulturelle und technologische Veränderungen bestehende Arrangements der Ressourcennutzung entwerteten und daraus die Notwendigkeit eines Wandels der fischereiwirtschaftlichen Institutionen zur Sicherung exklusiver Nutzungsrechte entstand. Dabei zeigt gerade das Beispiel der Meeresfischerei, wie wichtig Eigentumsrechte für den Bestandserhalt vieler Fischarten und die Wirtschaftlichkeit der Fischerei sind. Zwar sind eigentumsrechtliche Lösungen möglich und haben sich mehrfach bewährt, doch führen die verteilungspolitischen Implikationen immer wieder zu sehr fragilen institutionellen Rahmenbedingungen, die vielfältigen Einflüssen gewinnorientierter Interessengruppen ausgesetzt sind. Daher muss offen bleiben, inwiefern die seerechtliche Rahmensetzung der internationalen Gemeinschaft auch in Zukunft zu Regelungen führt, die eine klare Abgrenzung der Nutzungsrechte an den Fischereiressourcen ermöglicht und damit den Fischfang angemessen begrenzt.

In einem Interview mit dem Journalisten Michael Miersch berichtet der Ökonom und Entwicklungsexperte Rolf D. Baldus über den Versuch, die Wilderei in einem der größten Naturreservate der Welt mit marktwirtschaftlichen Anreizen zu bekämpfen. Hierbei zeigte sich, dass die Bevölkerung nahe dem tansanischen Wildreservat Selous erst durch exklusive Nutzungsrechte ein Eigeninteresse an der langfristigen Erhaltung des Wildtierbestands entwickelte. Nicht der Beitrag zur Erreichung der Ziele der UN-Biodiversitätskonvention wurde zum Motiv für die Wildtierschonung, sondern der Schutz des wirtschaftlichen Eigeninteresses gegen die Nutzungskonkurrenz der Wilderer. Naturschutz und Erhalt der Artenvielfalt sind daher komplementäre Effekte individuell rationalen Handelns unter den Bedingungen wohl definierter Ressourcennutzungsrechte. Auch dieses Beispiel belegt, dass sich eine wirtschaftliche Nutzung und die Bewahrung von Naturressourcen nicht gegenseitig ausschließen. Jedoch ist auch hier der institutionelle Aufwand für die Definition der Nutzungsrechte und ihre Absicherung nicht zu unterschätzen.

Ausgesprochenes Neuland betritt der britische Ökonom Graham Dawson mit seinem Versuch, eine eigentumsrechtliche Lösung der Nutzungskonflikte im Zusammenhang mit dem anthropogenen Treibhauseffekt und den dadurch ausgelösten Schäden zu entwickeln. Wie andere Umweltprobleme auch, interpretiert Dawson die klimatischen Folgen menschlicher Aktivitäten als Ressourcenkonflikt zwischen unterschiedlichen Nutzungsinteressenten infolge einer unzureichenden Definition von Nutzungsrechten an der Atmosphäre. Sein Lösungsansatz, abgeleitet vom ökonomischen Denkansatz der Österreichischen Schule der Nationalökonomie, zielt darauf ab, Regeln zu finden, nach denen die Emission von Treibhausgasen durch wirtschaftliche Aktivitäten Nebenbedingungen unterliegt, deren Ziel es ist, die Eigentumsrechte anderer zu schützen. Dabei tritt an die Stelle von Steuern und Emissionshandel eine auf dem Grundsatz der Gefährdungshaftung beruhende haftungsrechtliche Klärung von Streitfragen zwischen Treibhausgase emittierenden Unternehmen und von den Schäden betroffenen Bürgern und Interessengruppen vor Gericht. Mit einem derartigen Ansatz ließen sich nicht nur die potenziellen Schäden des Ressourcenkonflikts effizient reduzieren, sondern auch ein öffentliches Forum für eine von politischen Interessenkonflikten unbeeinflusste Prüfung von Hypothesen über die Ursachen des Klimawandels schaffen, das seinerseits dem öffentlichen Verständnis und dem Fortschritt der Klimawissenschaften zuträglich ist.

Alle drei Beiträge zeigen, dass Eigentumsrechte der Schlüssel zur Lösung von Umweltkonflikten sein können und eine Abkehr vom umweltpolitischen Dogma des Verursacherprinzips überfällig ist. Marktwirtschaft und Umweltschutz, freier Handel und Nachhaltigkeit sind keine Gegensätze, wenn für einen fairen Interessenausgleich zwischen den betroffenen Interessen gesorgt ist. Dies gelingt jedoch nur, wenn man das Eigeninteresse der Menschen an den natürlichen Ressourcen durch wohl definierte Eigentumsrechte stärkt. Davon profitieren Mensch und Natur nicht nur, weil mit den natürlichen Ressourcen effizient umgegangen wird. Die Konzentration der menschlichen Kreativität auf die Suche nach technischen und organisatorischen Möglichkeiten der Reduzierung von Ressourcenkonflikten, durch die alle Beteiligten ihre Situation verbessern, ersetzt die Ressourcenverschwendung des politischen Lobbyismus.

**Literaturverzeichnis:**

Coase, Ronald H. (1960): The Problem of Social Cost, *Journal of Law and Economics, 3*.
Pigou, Arthur C. (1920): *The Economics of Welfare Macmillan&Co.*, London.
Hardin, Garrett (1968): The Tragedy of the Commons, *Science 162*.
Henderson, David R. (Hrsg.): *The Concise Encyclopedia of Economics, Arthus C. Pigou*, Liberty Fund, Inc, 2008.
Friedman, David D. (2000): *Law's Order, What economics has to do with Law and why it matters*, Princeton University Press, Princeton, New Jersey.
Krueger, Anne (1974): The Political Economy of the Rent Seeking Society", *American Economic Review 64*.
Tullock, Gordon(1967): The Welfare Consequences of Tariffs, Monopoly and Theft, *Western Economic Journal 5*.

# Die Entwicklung von Eigentumsrechten in der globalen Fischereiwirtschaft

Rögnvaldur Hannesson

**Einleitung: Die Entwicklung von Institutionen**

Die Entwicklung der menschlichen Gesellschaft ist eine Mischung aus technologischen und institutionellen Entwicklungen. Man kann der Ansicht sein, dass die Technologie von größerer Bedeutung ist, dass technologischer Fortschritt der Schlüssel zu einem höheren Lebensstandard ist. Andererseits sind adäquate Institutionen sicherlich erforderlich, um eine bestimmte Technologie bestmöglich nutzen zu können. Und vielleicht kann man sogar noch weiter gehen und sagen, dass inadäquate Institutionen ein Hindernis für die Technologie darstellen können. Technologischer Fortschritt ist nichts ureigen Menschliches, wie lange Zeiten der Stagnation, ja sogar des Rückschritts beweisen. Technologische und institutionelle Entwicklungen müssen Hand in Hand gehen, wenn Fortschritte erzielt werden sollen.[5]

---

[5] Marxistische Ökonomen behaupteten, dass bereits die alten Ägypter die Dampfkraft zu nutzen verstanden hätten, diese Innovation jedoch in Anbetracht der verfügbaren Sklavenarbeit gar nicht erforderlich war.

Was ist es also, das die Evolution menschlicher Gesellschaften voranbringt? Wir alle sind in Grundzügen mit der Evolutionstheorie vertraut. Mutationen vollziehen sich, wie es scheint, aus keinem besonderen Grund. Bei den meisten handelt es sich um Eintagsfliegen, die schnell wieder verschwinden. Doch manchen gelingt es, sich durchzusetzen und nach dem Recht des Stärkeren zu überleben.

Lässt sich bei menschlichen Gesellschaften ein ähnlicher Mechanismus beobachten? In übertragenem Sinne lautet die Antwort Ja. Veränderungen, die einen Bedarf decken, überleben, Veränderungen, auf die das nicht zutrifft, werden aussortiert und verschwinden wieder. Die schwierige Frage dabei ist, ob die Kräfte, die über den Fortbestand oder das Scheitern institutioneller oder technologischer Veränderungen entscheiden, die Conditio Humana verbessern oder nicht. Menschliche Gesellschaften können kurzsichtig oder in destruktivem Eigeninteresse regiert werden und Veränderungen zum Guten verhindern bzw. Veränderungen zum Schlechten fördern. Bei langfristiger Betrachtung menschlicher Gesellschaften kommt man jedoch zwangsläufig zu dem Schluss, dass sich unser Dasein zum Guten verändert hat. Mit welcher Generation unserer Vorfahren würden wir gerne tauschen wollen? Wie es scheint, verdanken wir Vieles einer Reihe von Mechanismen, die Veränderungen, die unser Leben verbessert haben, gefördert, und solche, die dies nicht vermochten, beseitigt haben.

Eine weitere Analogie zur Natur besteht darin, dass technologische und institutionelle Veränderungen oft Mutationen gleichen. Wir scheinen oft rein zufällig über technologische Veränderungen zu stolpern; sowohl die Atomkraft als auch die Elektrizität sind auf Entdeckungen zurückzuführen, von denen ursprünglich geglaubt wurde, sie seien von keinerlei praktischer Bedeutung (dass zu ihrer Entwicklung eine systematische und bewusste Anstrengung erforderlich war, steht auf einem anderen Blatt).[6] Mit erbrachtem Nachweis ihres Nutzens gelang es diesen technologischen Veränderungen jedoch schließlich sich durchzusetzen und sie wurden weiter entwickelt.

Ähnliche Mechanismen können wir bei näherem Hinsehen auch bei den Institutionen erkennen. Organisationen wurden für einen bestimmten Zweck eingerichtet; einigen davon gelang es, sich zur Erfüllung eines anderen Zwecks zu verändern, wenn der ursprüngliche Zweck in den Hintergrund gerückt war. In größerem Maßstab ist die Entwicklung des Kapitalismus dafür ein hervorragendes Beispiel. Wie hat alles angefangen? Mit einigen kleineren Verbesserungen in Buchhaltung und Geldverleih in Norditalien und den Niederlanden. Andere Gesellschaften fügten hier und dort ein

---

6  In seinem Buch „Der Drache in meiner Garage oder Die Kunst der Wissenschaft, Unsinn zu entlarven" beschreibt Carl Sagan, wie Maxwell ohne einen praktischen Nutzen im Hinterkopf den Elektromagnetismus entdeckte und der Menschheit damit zur Elektrizität verhalf. Die Atomkraft haben wir Einstein und einer Reihe anderer Physiker seiner Generation zu verdanken. Ihren Nutzen und ihre Zerstörungskraft erkannte anfangs jedoch niemand.

Detail hinzu und schufen passend zu ihren Traditionen und Zielen ihre eigenen Mechanismen. Was daraus werden würde, malte sich niemand aus und wer weiß, hätte es jemand getan, hätte er es vielleicht für einen Alptraum gehalten. Wie kann es sein, dass ein auf Habgier und Eigennutz beruhendes System zu einer Verbesserung des Lebensstandards nicht nur einiger weniger, sondern vieler führt? Und doch trat genau dieser Fall ein. Das Gegenmodell des Kapitalismus, der Sozialismus, wurde von Menschen mit guter Absicht erdacht – und doch scheiterte die Intelligenz in diesem Fall kläglich gegenüber der Evolution.

Der Kapitalismus beruht bekanntermaßen auf privaten Eigentumsrechten. Eigentumsrechte gelten jedoch nicht in jedem Fall uneingeschränkt. So ist es uns beispielsweise nicht gestattet, entgegen einem Bebauungsplan auf einem Grundstück zu bauen. Privateigentum erstreckt sich nicht auf andere Menschen und nicht einmal auf unsere eigenen Organe; um unser Eigentum nicht zu verlieren, sind wir verpflichtet, Steuern zu bezahlen; und wir können es nicht zum Schaden anderer einsetzen. Solche Zwänge sind von Zeit zu Zeit und von Ort zu Ort verschieden. Eine allgemeine Aussage in der Art „Je weniger Zwang, desto weniger Schaden" ist nicht möglich; erwiesen ist hingegen, dass zu starke Beschränkungen durchaus Nachteile mit sich bringen können.

Gegenstand dieses Aufsatzes ist die Entwicklung von Eigentumsrechten in der Meeresfischerei. Es handelt sich dabei aus mehreren Gründen um ein faszinierendes Thema, weit über die wirtschaftliche Bedeutung der Weltfischerei als solche hinaus. Erstens: Während Eigentumsrechte an Land sich im tiefen Dunstschleier nicht aufgezeichneter geschichtlicher Ereignisse bewegen, haben wir es hier mit der Erweiterung der Institution des Eigentums auf ein neues, im Menschengedenken gut dokumentiertes Gebiet zu tun. Zweitens: Während die Ausweitung der privaten Eigentumsrechte auf die Fischerei eine logische Antwort auf die Herausforderungen immer besserer Fischereitechnologien und die begrenzte Produktivität der Fischbestände ist, spielten sich die Mechanismen, mit deren Hilfe diese Antwort gefunden wurde, angesichts etablierter Interessen und ideologischen Widerstands irgendwo zwischen politischem Kompromiss und Lobbyismus ab. Drittens: Das institutionelle Fundament, die ausschließliche Wirtschaftszone (auch als 200-Meilen-Zone[7] bezeichnet), innerhalb derer der angrenzende Küstenstaat die Hoheit über die Ressourcen hat, beruht ursprünglich auf einem Gedanken, der nichts mit den Problemen der Weltfischerei oder der Bewirtschaftung anderer Ressourcen aus dem Meer zu tun hatte und dennoch in einem politischen Kompromiss zum Zwecke der Ausübung souveräner Rechte über diese Ressourcen umgesetzt wurde. Eine verblüffende Analogie zu den offenkundig grundlosen Mutationen in der Natur, die jedoch überleben, weil

---

7 Diese und alle übrigen Meilenangaben in diesem Beitrag beziehen sich auf Seemeilen. Eine Seemeile entspricht dabei 1,85 km oder 1,15 Landmeilen.

sie ihre Überlebensfähigkeit verbessern. Dasselbe Vorgehen lässt sich auch für menschliche Institutionen allgemein nachweisen, nicht nur in Bezug auf die 200-Meilen-Zone. Institutionelle Neuerungen kommen aus den eigenartigsten Gründen zustande; denjenigen, die Bestand haben, gelingt dies jedoch, weil sie sich als für einen bestimmten Zweck nützlich erweisen.[8]

Das Vorgehen dieses Beitrags ist teils chronologisch, teils fallbasiert. Nach einer kurzen Diskussion des Allmendeproblems folgt ein Überblick über die Entwicklung des Seerechts, von der Einführung des Grundsatzes der Freiheit der Schifffahrt, der dem Seehandel und der Ozeanfischerei so lange gute Dienste leistete, bis die zunehmende Verknappung der Fischressourcen in den 1970er Jahren zur Einrichtung der ausschließlichen Wirtschaftszone mit der 200-Meilen-Regelung führte. Nach einer kurzen Erklärung, worum es bei Eigentumsrechten an Fisch geht, werden diese anhand von Beispielen aus verschiedenen Ländern näher erläutert, bevor abschließend wieder der Bogen zurück zum Seerecht geschlagen wird. Trotz der 200-Meilen-Zone verbleibt noch eine große Fläche offenen Meeres, in dem kein Land, abgesehen von unter seiner Flagge fahrenden Schiffen, über

---

8  Ein Beispiel: Der Internationale Währungsfonds wurde nach dem Zweiten Weltkrieg eingerichtet, um Ländern, die in einem System stabiler Wechselkurse in Zahlungsschwierigkeiten geraten waren, zu helfen (an und für sich ein durchaus nachvollziehbarer Grund). Dieses System verschwand in den 1970er Jahren, der IWF hingegen existierte weiter und wurde zu einer Art Wirtschaftspolizei und „Lender of Last Resort".

Hoheitsrechte verfügt. Eine solche Regelung ist Eigentumsrechtssystemen, die der Überfischungsproblematik tatsächlich Abhilfe schaffen könnten, nicht zuträglich und führt letztlich nur zu starker Verunsicherung in der Hochseefischerei.

## Das Allmendeproblem

Bis vor kurzem galten die Fischbestände der Ozeane als gemeinschaftliche Ressourcen, die für jeden, der über das nötige Gerät und die erforderliche Kühnheit verfügte, sich aufzumachen sie zu fangen, zugänglich waren. Diese Regelung war ihrer Zeit angemessen. Bis ins späte 19. Jahrhundert war die Fischereitechnologie so primitiv, dass die Auswirkungen der Fischerei auf die Fischbestände nicht wahrnehmbar, wenn nicht sogar zu vernachlässigen waren. Der Fischreichtum bestimmt sich hauptsächlich durch das Überleben von Eiern und Larven, deren Mengen aus Gründen, die bis heute nicht eindeutig geklärt sind, von Jahr zu Jahr starken Schwankungen unterworfen sind. Zwei Fische beiderlei Geschlechts legen so viele Eier und schicken so viele Spermien auf den Weg, dass sie alleine vermutlich ein Überangebot an ausgewachsenen Fischen hervorbringen könnten, wenn alle Eier überleben würden. Doch das tun sie nicht. Das Überleben von Fischeiern und -larven wird in Promille gemessen und ist im Grunde eine unbekannte Größe. Daher können schon geringe Abweichungen innerhalb dieser niedrigen Überlebensrate enorme Veränderungen in der Anzahl ausgewachsener Fische hervorrufen und allen Nutzen eines gemäßigten Fischfangs in reichen Fischbeständen zunichtemachen. Wohl wissend um diesen Umstand äußerte der britische Biologe Thomas Huxley anlässlich einer Fischereiausstellung in London im Jahr 1883 die Ansicht, dass die Fischbestände der Ozeane unerschöpflich seien und nach Belieben gefischt werden könne, ohne sich Sorgen um die Auswirkungen auf den Fischreichtum zu machen.

Die Schleppnetzfischerei in der Nordsee entwickelte sich jedoch in der zweiten Hälfte des 19. Jahrhunderts rasant weiter, sodass Huxley sich gezwungen sah, seine Meinung zu ändern.[9] Der Erste Weltkrieg bot die Möglichkeit zu einem „natürlichen" Experiment. Die Fischerei wurde stark gedrosselt, nach dem Krieg verbesserte sich die Fangquote pro Boot deutlich. Der Zweite Weltkrieg führte zu einem ähnlichen Experiment, nicht nur in der Nordsee. Die Fremdfischerei von Kabeljau in Island ging zurück, sodass damals etwa die Hälfte des in Island gefangenen Kabeljaus ausschließlich von Isländern gefangen wurde. Der Kabeljaubestand erholte sich in der Folge.

Die Tatsache, dass die Fischbestände von der Fischerei abhängig sind, führte dazu, dass die Ozeanfischerei heute dem unterliegt, was als das Allmendeproblem bekannt wurde.[10] Wenn zu viele Tiere auf eine Weide gelassen werden, besteht die Gefahr der Überweidung, sodass jedes Tier we-

---

9  S. dazu Smith (1994).
10  Klassische Referenz zur Thematik ist Hardin (1968) bzw. im Kontext der Fischerei Gordon (1954).

niger an Gewicht zunimmt, als ansonsten der Fall gewesen wäre. Durch das Hinzufügen weiterer Tiere kann so das Gesamtgewicht der Herde verringert werden. Eine weitere mögliche Folge der Überweidung ist die irreversible Zerstörung des Weidelandes wie in weiten Teilen im isländischen Landesinneren sowie in bestimmten Gegenden Griechenlands in der Antike. Haben jedoch viele Bauern Zugang zum Weideland, besteht für jeden einzelnen Bauern kein Anreiz, darauf zu achten, welche Folgen ein weiteres Tier in seiner Herde für andere Bauern (oder zukünftige Bauern) haben kann. In der Ozeanfischerei führt der freie Zugang zur Fischerei zu einer niedrigeren Fangquote je Boot und womöglich auch zu einer insgesamt niedrigeren Fangquote – im Extremfall bis hin zur irreversiblen Auszehrung von Fischbeständen. Ebenso wie für den Schutz von Weideland ist daher auch in der Fischerei die Begrenzung des Zugangs das beste Gegenmittel. Dabei stellt sich jedoch die Frage, ob die Bauern oder Fischer zur Vernunft kommen und dies von selbst erkennen, oder ob gleich wie geartete Vorschriften oder die Vergabe von exklusiven Rechten über die frühere Allmende erforderlich sind.

**Das Seerecht: von der Freiheit der Schifffahrt zur ausschließlichen Wirtschaftszone**

Die Folgen der Fischerei auf die Fischbestände wurden bereits vor dem Zweiten Weltkrieg erkannt. Da sich die Länderhoheit jedoch nur auf ein Gebiet von drei Seemeilen vor der Küste erstreckte und der meiste Fisch außerhalb dieser

Grenze gefangen wurde, waren für eine Regelung der Fischerei gemeinsame Anstrengungen der in dem Sektor tätigen Staaten erforderlich. Hierfür wurden einige Versuche unternommen. Bereits 1904 richteten die westeuropäischen Nationen den Internationalen Rat für Meeresforschung (ICES) ein, bei dem es sich, wie der Name sagt, um eine Organisation zur Zusammenarbeit im Bereich der Fischereiwissenschaft und Ozeanographie handelte, die zumindest teilweise von der Erkenntnis getrieben war, dass die Fischbestände durch die Fischerei beeinträchtigt wurden und es wichtig war, die Gründe dafür besser zu verstehen und möglicherweise Vorschläge zur Verbesserung der Situation zu erarbeiten. Und tatsächlich schlug der ICES von Zeit zu Zeit Maßnahmen wie die Veränderung der Maschenöffnung oder die Absperrung von Laich- und Aufzuchtgründen zum Schutz kleiner, schnell wachsender Fische vor. Nicht alle Vorschläge wurden in die Tat umgesetzt und diejenigen, die es wurden, können bestenfalls als halbherzig beschrieben werden. Die erfolgreichste internationale Zusammenarbeit auf dem Gebiet der Fischerei war vermutlich die International Pacific Halibut Commission (IPHC), die bereits 1923 von Kanada und den Vereinigten Staaten ins Leben gerufen wurde. Dieser gelang es, die Gesamtfangmenge von Pazifik-Heilbutt entsprechend der Situation des jeweiligen Fischbestandes zu begrenzen, eine Maßnahme, die hinsichtlich des Artenschutzes als erfolgreich gelten muss, auch wenn sie wirtschaftlich viel zu wünschen übrig ließ.[11] Die IPHC besteht noch heute.

Die Drei-Meilen-Zone hat ihren Ursprung in den Freihandelsinteressen der Niederlande und Großbritanniens. Nach den umwälzenden Entdeckungen des späten 15. Jahrhunderts hatten Spanien und Portugal versucht, die Ozeane und den Ozeanhandel im Vertrag von Tordesillas, der spanischen Stadt, in der dieser geschlossen wurde, untereinander aufzuteilen. Selbst der Papst gab seinen Segen für dieses Abkommen. Die Niederlande und Großbritannien hingegen waren ganz und gar nicht gewillt, dies einfach hinzunehmen, Spanien und Portugal waren außerstande, ihre Forderungen zu verteidigen. Der Niederländer Hugo Grotius brachte in seinem gefeierten philosophischen Traktat „De Mare Liberum" mit dem weniger philosophischen Untertitel „Eine Abhandlung über das Recht, das den Niederlanden am ostindischen Handel zusteht" seine Argumente für die freie Schifffahrt vor. Die Drei-Meilen-Zone beruhte ursprünglich auf der Theorie, dass kein Staat ein größeres Gebiet rechtlich für sich beanspruchen könne, als er von der Küste aus mit den besten damals verfügbaren Kanonen zu verteidigen in der Lage war; da die besten Kanonen der damaligen Zeit eine Reichweite von drei Seemeilen hatten, wurde das Hoheitsgebiet auf eben diese Entfernung festgelegt. Die Kanonen entwickelten sich schnell weiter, das

---

11  Eine frühe Kritik aus ökonomischer Sicht findet sich bei Crutchfield und Zellner (1962).

Hoheitsgebiet nicht. Während dieses ostentative Argument für sein Bestehen verschwand, hatte der Vertrag Bestand, da er der damals dominierenden Seemacht Großbritannien sehr gut ins Konzept passte – zum einen wegen ihrer Vorherrschaft über die Meere, zum anderen jedoch auch wegen ihres ausgeprägten Handels und ihres großen Erfolgs selbst in der Hochseefischerei.

Gegen Ende des Zweiten Weltkrieges setzten sich Veränderungen in Gang. Entscheidend für diese Entwicklung war die Truman-Proklamation im Jahr 1945, in der die USA alle natürlichen Schätze des Grundes und Untergrundes des Festlandsockels als zu den USA gehörig beanspruchten. Treibende Kraft dabei waren die Fortschritte in der Ölförderung auf offener See. Öl war in der damaligen Zeit eine lebensnotwendige Ressource und die USA waren nicht gewillt, ihre auf hoher See befindlichen Ölvorkommen mit irgendjemandem zu teilen und waren zudem in der Lage, diesen Anspruch auch zu verteidigen. An dieser Stelle offenbart sich die wahre Triebkraft für die Beanspruchung von Eigentumsrechten: Für denjenigen, der sie beansprucht, erweisen sie sich als gewinnbringend – unabhängig davon, welche Kosten zu ihrer Durchsetzung erforderlich sind.[12] Auf die Tatsache, dass Eigentumsrechte auch dem Allgemeinwohl dienen können, wird weiter unten eingegangen.

---

12 Kluge Ansichten zu dieser Frage finden sich bei Demsetz (1967).

Einige Länder mit reichen Fischbeständen und (wie sie damals dachten) geringen Ölvorkommen wie bspw. Island, Mexiko oder Argentinien, sahen keinen Grund, das Eigentum an den natürlichen Schätzen auf diejenigen des Grundes und Untergrundes zu begrenzen und wollten auch die im darüberliegenden Meer vorhandenen Ressourcen in die Regelung aufnehmen. Diese Länder schienen sich wie viele andere auch damit zufriedenzugeben, ihre Forderungen auf den Festlandsockel zu begrenzen. Neben der offenkundigen Analogie zur Truman-Proklamation wohnte diesem Gedanken auch eine gewisse Logik inne, da benthopelagische Arten wie Kabeljau auf den Festlandsockel begrenzt sind. Die Situation anderer Länder, vor allem an der Westküste Südamerikas, gestaltete sich angesichts des schmalen Festlandsockels und der Konzentration auf den Fang von näher an der Meeresoberfläche lebenden Arten wie Sardellen, Sardinen und Thunfisch anders. Diese Länder waren mit einem Entfernungskriterium, das über die geltenden drei Meilen hinausging und sich nicht auf den Festlandsockel beschränkte, weitaus besser bedient.

Und tatsächlich hatte sich Chile bereits des Problems angenommen. Im Jahr 1940 entwickelte ein Unternehmen in Valparaíso eine neue Methode zur Raffination von Walöl. Das Unternehmen fürchtete, dass es nach Ende des Weltkrieges schwieriger werden würde, an Wal zu gelangen, und die Walfangflotten der europäischen Nationen waren in ihre Fanggründe im südlichen Ozean zurückgekehrt. Sie wünschten sich ein exklusives Gebiet für den Walfang und baten um rechtlichen Rat. Die Rechtsexperten taten, was Rechtsexperten für gewöhnlich tun: Sie suchten nach Präzedenzfällen. Was sie fanden, war recht wenig. Das Passendste, worauf sie stießen, war die Neutralitätszone, auf die sich die Außenminister der amerikanischen Staaten auf einer Sitzung in Panama im September 1939 verständigt hatten, einer Zone, in der alle kriegerischen Handlungen von Schiffen der in Europa am Krieg beteiligten Länder untersagt waren. Die Breite der Zone variierte, da sie durch gerade Linien zwischen verschiedenen Punkten auf einer Seekarte festgelegt worden war; auf einer in einem klassischen Text über die amerikanische Diplomatie enthaltenen Freihandzeichnung scheint es jedoch so, als betrüge die Breite der Zone etwa 200 Meilen. Diese Zone hatte selbstverständlich absolut nichts mit Fisch- oder Walfang zu tun, sodass Chile die Angelegenheit damals nicht weiter verfolgte. Als jedoch mit der Truman-Proklamation das Thema Ozeangrenzen auf die Tagesordnung kam, wurde die alte Idee entstaubt und mit Peru und Ecuador eine 200-Meilen-Zone für die Seehoheit vereinbart.[13]

---

[13] Zu den Hintergründen des Entstehens der 200-Meilen-Zone siehe Vicuña (1984) und Hollick (1977). Hollick vermutet den Ursprung der 200-Meilen in einer ungenauen Karte, die in der chilenischen Wochenzeitung Semana Internacional veröffentlicht worden war. Trotz bereitwilliger Unterstützung eines Buchhändlers in Santiago ist es dem Verfasser dieses Beitrags leider nicht gelungen, diese Karte ausfindig zu machen; immerhin führte die Suche jedoch dazu, dass in Bailey (1980) eine ungenaue Karte der Neutralitätszone entdeckt wurde. Die Erstausgabe dieses Buches stammt aus dem Jahr 1940.

Viele Jahre über waren die Länder der südamerikanischen Pazifikküste mit ihrer Forderung einer 200-Meilen-Zone alleine, anerkannt wurde dies von niemandem. In der Zwischenzeit war die Seerechtsprechung jedoch in Bewegung geraten und die Drei-Meilen-Regelung bröckelte. Bereits 1927 forderte die Sowjetunion eine Hoheitszone von zwölf Seemeilen für alle Zwecke, die damals zwar keine allgemeine Zustimmung fand, aber dennoch widerwillig akzeptiert wurde. Einige Länder forderten Ausnahmen von der Drei-Meilen-Regelung. In einem Fall vor dem Internationalen Gerichtshof in Den Haag konnte sich Norwegen mit seiner Forderung einer Vier-Meilen-Zone und, vielleicht noch wichtiger, dem Ausschluss von Buchten und Archipelen durch das Ziehen gerader Basislinien gegen Großbritannien durchsetzen. Auf Grundlage dieses Urteils forderte Island 1952 ähnliche Linien und für die Fischerei eine Hoheitszone von vier Meilen, woraufhin die Einfuhr isländischen Fischs nach Großbritannien mit einem Embargo belegt wurde.

1958 fand in Genf die erste UN-Seerechtskonferenz statt. Auf dieser Konferenz wurde die Truman-Proklamation bezüglich der Hoheit über den Meeresgrund im Wesentlichen bestätigt; eine Ausdehnung der Hoheitsgewässer auf zwölf Seemeilen unter Anerkennung historischer Rechte zwischen sechs und zwölf Meilen wäre beinahe erreicht worden. Anschließend richteten immer mehr Nationen eine Fischereigrenze von zwölf Seemeilen ein, darunter auch Island, was Auslöser für den ersten „Kabeljaukrieg" mit Großbritannien war. Zwei Jahre später erkannte Großbritannien die von Island gesetzten Grenzen im Gegenzug für einige Zugeständnisse an.

1960 wurde eine zweite UN-Seerechtskonferenz einberufen, bei der es sich um die Fortsetzung der ersten handelte und deren erklärtes Ziel es war, eine Lösung für das Problem der Fischereigrenzen zu finden. Im Zuge dessen kam erneut die 6+6-Meilen-Regelung auf den Tisch, die jedoch scheiterte. Kurz darauf legten viele Staaten eine Zwölf-Meilen-Zone fest, die sich jedoch nicht für eine Kontrolle der Fischressourcen eignete. Neue große Fabriktrawler aus der Sowjetunion und anderen Ländern aus deren Einflussbereich traten auf den Plan und verbreiteten unter den Küstenstaaten die Sorge, die Fischbestände vor ihren Küsten könnten dadurch zerstört werden. Eine weitere Ausdehnung der Seehoheit wurde auf die Tagesordnung gesetzt und gewann immer mehr an Bedeutung. Um dieses und weitere ausstehende Probleme zu lösen, wurde 1973 die dritte UN-Seerechtskonferenz einberufen. Anlässlich einer Sitzung in Caracas im Jahr 1974 wurde klar, dass die ausschließliche Wirtschaftszone mit einer Ausdehnung von 200 Meilen breite Unterstützung fand. Ein wichtiger Faktor hierbei war, dass es Chile und einigen gleichgesinnten Ländern gelang, die Entwicklungsländer als größte Nationengruppe auf der Konferenz für die Idee zu gewinnen. Der Durchbruch der 200-Meilen-Regelung wurde von vielen Beobachtern der Bereitschaft zweier zu der Zeit einflussreicher Seemächte – der USA und der Sowjetunion – zugeschrieben, dieser Regelung im Gegenzug zur freien Durchfahrt durch Meeresengen, einer für eine Seemacht offenkundigen Notwendigkeit, zuzustimmen.[14] Dieser Kompromiss brach jedoch 1976 in sich zusammen, als der amerikanische Präsident Gerald Ford einen Entwurf für ein Gesetz über die Ausdehnung der US-amerikanischen Fischereizone auf 200 Meilen unterzeichnete. Den USA brachte die Einrichtung dieser Zone viele Vorteile ein, da sie sich mit diesem Schachzug die Fischressourcen Alaskas und Neuenglands sicherten und damit im Endeffekt nichts aufgaben, sondern ein gutes Geschäft machten. Kurze Zeit später, vor allem in den Jahren 1977 und 1978, übernahmen schließlich viele Länder das Konzept der ausschließlichen 200-Meilen-Wirtschaftszone.

**Exklusive Fischereirechte**

Hoheitsgebiete über Ozeane einzurichten bedeutet nicht automatisch, auch Hoheitsrechte über den darin befindlichen Fisch festzulegen. Fische schwimmen umher, manche mehr, andere weniger, und überschreiten dabei oft mehrmals in ihrem Leben Staatsgrenzen. Manche bewegen sich auch in den noch verbleibenden Gebieten der hohen See, d. h. außerhalb der 200-Meilen-Zone. Die Schwierigkeiten, die das mit sich bringt, werden weiter unten näher untersucht; an dieser Stelle sei nur darauf verwiesen, dass die Länder, innerhalb deren Hoheitsgebieten sich der Fisch bewegt, sich darüber einigen müssen, wie sie die Fischbestände nutzen möchten, wenn eine Überfischung vermieden werden soll.

---

14 Siehe z. B. Miles (1998) und Hollick (1981).

Dieses Problem gestaltet sich offenkundig nicht ganz so einfach, als würde ein einzelnes Land einen Fischbestand innerhalb seiner Grenzen vollständig (bzw. so vollständig, wie es die Natur gestattet) kontrollieren, kann jedoch durch eine Begrenzung der Fangquote eines bestimmten Fischbestandes insgesamt und eine anschließende Aufteilung zwischen den beteiligten Ländern gelöst werden. Genau das haben viele Länder getan. Auf diese Weise kann jedes Land seine eigene Quote so aufteilen, wie es möchte, und die sich daraus ergebenden Regeln innerhalb seiner eigenen Gerichtsbarkeit durchsetzen. Wie hilfreich diese Lösung für die allgemeine Überwachung der Bestände ist, hängt dabei offenkundig davon ab, wie gut die anderen Partner ihren Teil der Abmachung durchsetzen.

Das Allmendeproblem in der Fischerei wurde mit Einrichtung der 200-Meilen-Zone nicht wie von selbst aus der Welt geschafft. Ein Fischbestand innerhalb der 200-Meilen-Zone eines Landes bzw. mehrerer Länder ist nach wie vor eine allen Bürgern dieses Landes bzw. dieser Länder gehörende Ressource. Der Unterschied ist der, dass der betreffende Staat seine Rechte zu den im Seerechtsübereinkommen vereinbarten Zwecken – namentlich der Nutzung der Ressourcen – innerhalb dieser Zone in derselben Weise anwenden kann wie an Land. Wenn also der Küstenstaat das Bestmögliche aus den Fischressourcen innerhalb seiner Wirtschaftszone herausholen möchte, muss er den Zugang zu seinen Fischbeständen ebenso beschränken, wie er den Zugang zu seinem Weideland beschränken muss, um den Ertrag der darauf weidenden Tiere zu maximieren. Der Zugang zu den Fischbeständen kann dadurch beschränkt werden, dass alle Fischerboote eine entsprechende Lizenz benötigen – doch das alleine wird nicht ausreichen. Allem voran muss die Menge eines bestimmten Bestandes, die gefischt wird, begrenzt werden. Eine Möglichkeit, dies zu erreichen, ist die Einschränkung der Nutzungsdauer der lizenzierten Boote, eine wirksamere Methode dürfte jedoch darin bestehen, die Menge des direkt gefangenen Fisches zu begrenzen. Einige Gründe sprächen dafür, die Fischerei als solche (namentlich die Anzahl der Boote sowie deren Nutzung) einzuschränken, dazu zählen insbesondere Probleme bei der Fangüberwachung und der gleichzeitige Fang verschiedener Fischarten; die meisten bestehenden Systeme nähern sich der Frage jedoch über die Fangquoten an, sodass die folgende Diskussion sich auf die Betrachtung dieser Systeme beschränkt.

Bevor wir jedoch näher auf einige ausgewählte Fälle eingehen, soll zunächst ein kurzer Überblick darüber gegeben werden, wie ein System individuell übertragbarer Fangquoten (Individual Transferable Quotas, ITQ) funktioniert. Erster Schritt ist die Begrenzung der Gesamtfangquote. Diese Gesamtfangquote muss anschließend unter den Booten, Einzelpersonen oder Unternehmen in der Fischerei aufgeteilt werden. Handelt es sich um übertragbare Quoten, werden diese von denjenigen gekauft oder gepachtet, die den höchsten Preis dafür bezahlen. Bei denjenigen, die den höchsten Preis für eine Fischquote bezahlen können, handelt es sich um diejenigen, die den Fisch zu dem Produkt mit dem höchsten Wert verarbeiten oder diesen zu den geringsten Kosten fangen können. Dies wiederum ist die Garantie für Wirtschaftlichkeit, sodass nicht mehr Fischer oder Boote in der Fischerei eingesetzt werden, als notwendig sind. Im Falle des freien Zugangs zu einer allgemeinen Ressource gestaltet sich die Sachlage grundlegend anders: Die Zahl der Fischer bzw. Boote steigt so lange, bis der letzte Fischer bzw. das letzte Boot die Gewinnschwelle erreicht und einen Lohn bzw. einen Ertrag erzielt, der dem entspricht, den er auch bei anderweitiger Beschäftigung erreichen könnte.

Voraussetzung für die letzte Beobachtung ist, dass der Ertrag die Kosten übersteigt, wenn eine angemessene Anzahl von Fischern und Booten in der Fischerei beschäftigt sind. So sollte es zumindest sein. Dieser Unterschied wird für gewöhnlich als Ressourcenrente bezeichnet und spiegelt die Knappheit der Fischbestände wider; alle Fischbestände können sich selbst erneuern, doch ist ihre Wachstumskapazität beschränkt und der wesentliche Grund dafür, dass die Fangquoten begrenzt werden müssen ist der, dass die begrenzte Produktivität berücksichtigt werden muss. Die Ressourcenrente hat im Laufe der Jahre zahlreiche Kontroversen ausgelöst. In den Fällen, in denen Fangquoten kostenfrei vergeben wurden, landete die Ressourcenrente in den Händen der Generation der damaligen Bootseigentümer (da Quoten beinahe ausnahmslos an Bootseigentümer vergeben wurden). Die Ressourcenrente wird anschließend über den Marktpreis von Fangquoten kapitalisiert, sodass sie für all jene, die später in den Markt eintreten, lediglich einen Kostenfaktor darstellt, einen zusätzlichen Kapitalaufwand, von dem sie hoffen, ihn bei Verlassen des Fischereigeschäfts wieder erstattet zu bekommen. Dieser Mechanismus hat die Einrichtung individuell übertragbarer Fangquoten für Bootseigner sicherlich attraktiver gemacht, und die diesen Bootseignern damit eröffnete Möglichkeit, die Ressourcenrente in Form des Marktwertes von Quoten zu binden, war vielleicht der notwendige Preis dafür. Ein häufig vorgebrachtes Argument lautet hingegen, dass die Fischressourcen letztlich Eigentum der Gesellschaft seien und daher diese die Ressourcenrente über eine Ressourcenrentensteuer auf Fangquoten oder deren Versteigerung erhalten solle.

All das verdeutlicht, dass es sich bei ITQ, selbst wenn sie ewig Bestand haben sollten, nicht um Eigentumsrechte an den Fischressourcen handelt, sondern um reine Nutzungsrechte, um das Recht, eine bestimmte, üblicherweise als Teil einer Gesamtfangquote bestimmte Menge Fisch zu fangen. Grundsätzlich wäre es möglich, das Eigentum an Fischressourcen an Unternehmen oder Einzelne zu übertragen und man kann vertreten, dass ein solcher Schritt einer vernünftigen Nutzung zuträglicher wäre als alles andere – dem Verfasser sind jedoch keine solchen Fälle bekannt. In jedem Falle müssten solche Rechte in Anbetracht der starken Migration der meisten Fischbestände äußerst umfassend sein; teilen sich zwei oder mehr Länder einen Bestand, wird diese Lösung vermutlich auf erhebliche rechtliche Hindernisse stossen. Eigentumsrechtsordnungen wie im Fischereiwesen beruhen infolgedessen auf Nutzungsrechten.[15]

## Ausgewählte Fallbeispiele für ITQ-Systeme

### *Neuseeland*[16]

Kurz nach Einrichtung der 200-Meilen-Zone wurden in einer Reihe von Ländern ITQ-Systeme beschlossen. Die Entscheidung für diesen Schritt fiel meist aus zweierlei Erwägungen heraus: (i) der Überfischung der Bestände und (ii) dem Wunsch, die Fischerei ökonomisch wirksam zu begrenzen. Diese Erwägungen wurden in den verschiedenen Ländern jedoch unterschiedlich gewichtet. Neuseeland verfügt über eines der ältesten ITQ-Systeme überhaupt und eines mit den wenigsten Einschränkungen hinsichtlich der Übertragbarkeit. Die Ursprünge dafür liegen in der Tiefseefischerei nach Granatbarsch, die von ausländischen Schleppnetzfischern vor allem aus der Sowjetunion in den 1970er Jahren ausgeweitet wurde. Mit Einrichtung der 200-Meilen-Zone fiel der Granatbarsch in das Hoheitsgebiet von Neu-

---

15 Costello, Gaines und Lynham (2008) unternehmen den Versuch, die Folgen von ITQ auf das Fischereimanagement zu bewerten und kommen zu dem Schluss, dass Fischbestände in solchen Systemen besser bewirtschaftet werden als andere.

16 Zu dem in Neuseeland geltenden ITQ-System ist umfassende Literatur vorhanden. Bereits früh nahmen Clark, Major und Mollett (1989) zu der Thematik Stellung, später folgte Hersoug (2002) mit einer kritischen Betrachtung.

seeland und an die Stelle ausländischer Fischereiflotten traten schon bald Schiffe aus Neuseeland. Der Fang war dabei von Beginn an durch übertragbare Quoten geregelt. Kurz darauf beschloss die neuseeländische Regierung, für die meisten anderen Fischbestände ein ähnliches System einzurichten. Einer der Gründe dafür war die augenscheinliche Notwendigkeit, den Gesamtfang dieser Fischarten einzuschränken, was durch die Vergabe bestimmter Fangquoten an einzelne Fischer oder Fischereiunternehmen umgesetzt wurde, die daraufhin aufgefordert wurden, Quoten für den Rückkauf durch die Regierung auszuschreiben. Ein anderer und vermutlich wichtigerer Grund war das radikale Umstrukturierungsprogramm, dem die neuseeländische Wirtschaft zu dem Zeitpunkt unterzogen wurde. Das Land war in den frühen 1980er Jahren von einer führenden Position innerhalb der OECD am Ende des Zweiten Weltkrieges auf einen mittleren Platz abgerutscht, sodass Maßnahmen zur Steigerung der wirtschaftlichen Effizienz erforderlich wurden. Die Einrichtung von ITQ in der Fischereiindustrie war Teil dieses Maßnahmenpakets, um den Einsatz von Arbeitskräften und Kapital in der Fischereiindustrie auf den tatsächlichen Bedarf zu senken und sicherzustellen, dass die Fangquoten in den Händen der effizientesten Unternehmen landen würden. Ursprüngliche Absicht war es, einige der Ressourcenrenten in der neuseeländischen Fischerei über eine spezielle Ressourcenrentensteuer an die Regierung umzuleiten. Diese Form der Besteuerung wurde für die Granatbarschfischerei eingeführt, nach ein paar Jahren jedoch wieder aufgehoben. Wie es dazu kam, hat nur wenig mit den Argumenten für oder gegen eine solche Steuer, sondern vielmehr mit einem politischen Kuhhandel zu tun. Ursprünglich waren die Fangquoten als bestimmte Tonnage festgelegt und der Grundgedanke war, dass die Regierung das Auf und Ab der Fischbestände durch den An- und Verkauf von Quoten regulieren sollte: Verkauf von Quoten in Jahren ergiebiger Bestände, Rückkauf in eher mageren Jahren. Allerdings stellte sich heraus, dass das Ertragspotenzial des Granatbarsches stark überschätzt worden war, sodass die Regierung sich der wenig attraktiven Aussicht gegenübersah, beständig Quoten von der Industrie zurückkaufen zu müssen. Um die Industrie dazu zu bringen, einen Wechsel zu Quoten zu akzeptieren, die als Anteile der jährlichen Gesamtquote bestimmt waren, nahm die Regierung Abstand von der Besteuerung der Ressourcenrente.

Das Quotensystem in Neuseeland geriet jedoch auch durch andere Formen staatlicher Günstlingswirtschaft und des politischen Kuhhandels durcheinander. Die Maori, die viele hundert Jahre vor den europäischen Siedlern nach Neuseeland gekommen waren, forderten gemäß dem Vertrag von Waitangi aus dem Jahr 1840, in dem das Verhältnis zwischen der britischen Krone und den Maoristämmen geregelt wurde, ihre Eigentumsrechte über die Ozeanfischerei ein. Als größte Seefahrer ihrer Zeit wussten die Polynesier jedoch nur wenig über den Granatbarsch und andere mehrere hundert Meter unter der Meeresoberfläche vorhandene Fischvorkommen, die nur mit modernen Tiefsee-Trawlern erreichbar waren. Dennoch wurde den Forderungen stattgegeben und der Streit durch Übertragung des Eigentums an der größten Fischereigesellschaft in Neuseeland beigelegt.

## Island[17]

Die isländischen ITQ wurden zunächst als befristete Maßnahme zur Bekämpfung einer Krise in der Fischerei beschlossen. Bereits 1975 hatte Island eine 200-Meilen-Zone eingerichtet und damit einen Großteil seiner wichtigsten Fischressourcen, insbesondere den Kabeljaubestand, unter seine Kontrolle gebracht. Alle ausländischen Schiffe waren – bis auf wenige Ausnahmen – gezwungen, aufgrund der Maßnahmen den Fischfang in isländischen Gewässern einzustellen; Island hingegen weitete seine eigene Fischereiflotte zügig aus und schon bald wurde klar, dass die Fangkapazitäten das für den Kabeljaubestand verträgliche Maß deutlich überstiegen. Verschiedene Beschränkungsversuche wurden unternommen, erwiesen sich jedoch nicht nur aus ökonomischer Sicht als wirkungslos. 1983 wurden auf einer Industrieversammlung mit knapper Mehrheit Quoten für einzelne Schiffe als auf ein Jahr befristete Dringlichkeitsmaßnahme verabschiedet. Die Zuweisung der Quoten erfolgte auf Grundlage der Fanghistorie und konnte von einem Schiff auf ein anderes übertragen werden. Das Kapazitätsproblem konnte damit jedoch nicht gelöst werden, sodass das Quotensystem mehrmals und mit verschiedenen

---

17 Eine ausführlichere Diskussion des isländischen Quotensystems findet sich bei Hannesson (2004).

Änderungen verlängert wurde. Schiffe unter 10 Tonnen wurden ausgenommen, und eine Zeitlang galt parallel ein weiteres Quotensystem, das die Skipper zur Verbesserung ihrer Fangberichte und damit ihrer Quotenzuweisung nutzen konnten.

Anfangs erfolgte die Quotenzuweisung kostenlos, da diese ohnehin nicht sonderlich wertvoll waren. Dies änderte sich jedoch schon bald. Der Handel mit Quoten führte zu einer starken Verdichtung von Quoten in den Händen weniger, beständig wachsender Fischereiunternehmen, und nicht wenige profitierten von einem starken Mitnahmeeffekt, der dadurch zustande kam, dass sie einen Wert, den sie kostenlos erhalten hatten, verkaufen konnten. Dieser Umstand rief starken Widerspruch hervor und führte dazu, dass das Quotensystem in der überschaubaren und transparenten isländischen Gesellschaft, in der die Menschen genau über die Mitnahmeeffekte ihrer Nachbarn Bescheid wissen, bis heute stark umstritten ist.

1990 wurde das isländische Quotensystem mit zeitlich unbegrenzten Quoten auf eine beständigere Grundlage gestellt. In der Theorie wurde dieser Schritt mit Effizienz begründet, doch hatten die Verantwortlichen in der Industrie ein anderes, offenkundiges Interesse daran, dieses Quotensystem durchzusetzen und sich für dieses und gleichzeitig gegen eine Ressourcenrentensteuer stark zu machen. Eine solche 2002 eingeführte Steuer brachte nur geringe Erlöse; die Einkünfte aus dieser Steuer reichten gerade einmal aus, um die Aufwendungen der isländischen Regierung für Fischereimanagement und Forschung zu decken. Zweifelsohne führte das isländische Quotensystem zu einer höheren Wirtschaftlichkeit der Fischereiindustrie, die sich in hohen Preisen für die Fangquoten niederschlug. Es scheint gelungen zu sein, den vormals übermäßigen Ausbau der Fangkapazitäten zu verlangsamen und nach 1990 sogar umzukehren, während in den vorangegangenen Jahren, als die Quoten noch zeitlich begrenzt waren und es möglich war, die für die Quotenzuteilung maßgebliche Fanghistorie durch zusätzliche Fangkapazitätsquoten aufzustocken, Investitionen in Rekordhöhe verzeichnet werden konnten.

Ein großes Problem des isländischen Systems bestand in dem Schlupfloch, das durch die Gewährung von Ausnahmen für kleine Boote geöffnet wurde. Diese Boote waren in den frühen 1980er Jahren wenig verbreitet und fingen nur etwa drei Prozent des wertvollen Kabeljaus. Vermutlich hielt man es für harmlos, diese Boote auszunehmen, mit den Jahren stieg ihre Zahl jedoch deutlich, was zur Herausbildung einer mächtigen Lobbygruppe führte. In den folgenden etwa zwanzig Jahren gelang es den kleinen Fischern, ihren Anteil am Kabeljaufang auf über 20 Prozent auszubauen, eine Entwicklung, die so nicht vorhergesehen worden war, sich aber aufgrund verschiedener Ausnahmen, die vom Gesetzgeber aus Angst vor Machteinbußen und dem Verlust von Wählerstimmen gewährt wurden, dennoch vollzog.

Langfristig betrachtet, hat die isländische Fischereiindustrie mit ihrem hartnäckigen Widerstand gegen eine mehr als symbolische Ressourcenrentensteuer so möglicherweise zu ihrem eigenen Untergang beigetragen. Der Zusammenbruch der isländischen Banken im Jahr 2008 gipfelte in einer „Revolution", auch wenn der Regierungswechsel glücklicherweise an den Wahlurnen vollzogen wurde und kein Blutvergießen forderte. Die neue Regierung hatte deutlich weniger Vertrauen in die Kräfte des Marktes als ihre Vorgänger. Derzeit wird das isländische Fangquotensystem evaluiert, wobei eine vollständige Abschaffung innerhalb der nächsten zwanzig Jahre zur Diskussion steht. Dies könnte auf unterschiedliche Weise geschehen, beispielsweise durch eine Verringerung der zugewiesenen Quoten um jährlich fünf Prozent und deren anschließende Ausschreibung bzw. Versteigerung. Die Effizienzattribute des Systems könnten durch ein solches Vorgehen geschützt werden, wobei die fünf Prozent der Quotenabwertung einer Besteuerung des Ressourcengewinns in Höhe von fünf Prozent entsprechen.

**USA**

Die USA verfügen über Küsten am Atlantik, am Golf von Mexiko und am Pazifik, die bezüglich des Klimas und der Fischerei sehr unterschiedliche Bedingungen aufweisen. In den Gewässern der USA wird die Fischerei von regionalen Räten überwacht, die diese Vielfalt widerspiegeln. Für verschiedene Fischbestände wurden zu unterschiedlichen

Zeiten ITQ-Systeme eingeführt, ein Prozess, der nach wie vor andauert.

Als erstes wurden ITQ für den Fang von Riesentrogmuscheln und Islandmuscheln vor der mittelatlantischen Küste eingeführt. Dahinter stand zum Teil ein System komplizierter Aufwandsregelungen, deren Ziel es war, die Fangaktivität auf ein für die Bestände verträgliches Maß zu begrenzen. Der bekannte amerikanische Fischereiökonom Lee Anderson, zeitweilig Vorsitzender des Mid-Atlantic Fisheries Management Council, spielte dabei (wie auch bei der Einführung der ITQ in Neuseeland) eine wesentliche Rolle. Seine Aufgabe bestand darin, die Fischereivorschriften wirksam und wirtschaftlich effizient zu gestalten. Es dauerte eine Weile, bevor die Industrie sich mit dem Gedanken anfreunden konnte, auch wenn sich letztlich herausstellte, dass sie davon aufgrund des Marktwertes der Quoten, die sie zunächst kostenlos erhielten, in nicht geringem Maße profitierten. Die Quoten wurden vornehmlich auf Grundlage historischer Fangmengen verteilt, wobei Investitionen in Baggerschiffe eine untergeordnete Rolle spielten.[18]

Einer der Bestände, der reif für eine ITQ-Regelung zu sein schien, war der Alaska-Heilbutt.[19] Dieser Bestand wurde durch eine allgemeine Quote kontrolliert, was aus Sicht des

---

18 Näheres zu dieser Fischereiform bei Wang (1995), McCay und Brandt (2002) sowie NRC (1999), Anhang G, S. 280-297.
19 Zum ITQ-Programm für Alaska-Heilbutt siehe NRC (1999), Anhang G, S. 298-317.

Artenschutzes erfolgreich zu sein schien: Der Heilbuttbestand schien nicht unter Überfischung zu leiden. Allerdings war die Alaska-Heilbutt-Fischerei nicht beschränkt, d. h., jeder hatte das Recht, sich am Fang zu beteiligen. Da sie sich als lukrativ erwies, lockte sie viele Schiffe an. Die Gesamtfangmenge wurde durch die Freigabe von Zeitfenstern – sogenannten „Openings" – unterhalb der Gesamtquotengrenze gehalten, was bedeutete, dass die Schiffe immer nur innerhalb dieses Zeitfensters auf Fang gehen durften. In extremen Zeiten wurde der Fang auf Zeitfenster von 24 Stunden beschränkt und das in einer Fischerei, die acht Monate oder länger andauern konnte und dies nach Einführung der Einzelquoten auch tat. Eine Folge dieser extrem kurzen Zeitfenster bestand darin, dass der Fisch in ein minderwertiges Produkt verarbeitet werden musste, da der Frischfischmarkt nicht für die großen Mengen, die innerhalb kurzer Zeit anlandeten, ausgelegt war und der Fisch tiefgekühlt werden musste, um länger haltbar zu sein.

Einige Jahre vor der Alaskafischerei waren bereits in der kanadischen Heilbuttfischerei ITQ eingeführt worden. Die Ergebnisse stellten sich unmittelbar ein: Die kanadische Fischsaison wurde länger, mehr Fisch gelangte auf den Frischfischmarkt, und die Preise stiegen bei gleichzeitig aufgrund einer geringeren Anzahl von Schiffen sinkenden Kosten.[20] Nichtsdestotrotz stieß das ITQ-Programm in der

---

20 Zur Effizienzsteigerung in der kanadischen Heilbuttfischerei siehe Grafton et al. (2000).

Alaskafischerei auf starken Widerstand bezüglich der Vergabekriterien. Wie in anderen Fällen auch, beruhte die Vergabe auf der Fanghistorie. Doch Sonderfälle gibt es immer: Herr X war in diesem Jahr verhindert, die Geschäfte von Herrn Y liefen aufgrund kaputter Gerätschaften nicht so gut und so weiter und so fort. Einige fürchteten die Umstrukturierungen, die mit dem Quotenhandel einhergehen würden, da nur ein Bruchteil der Boote, die sich bei acht Monaten Fischerei für gewöhnlich am Fang beteiligten, benötigt wurde. Das Quotensystem, das schließlich verabschiedet wurde, war nach allen Regeln der Kunst vor strukturellen Veränderungen geschützt und sah strenge Beschränkungen dahingehend vor, wer befugt war, wie viele Quoten an wen zu verkaufen oder zu verpachten.[21] Darüber hinaus gab es aus zweierlei Gründen auch ideologischen Widerstand: So sprachen sich einige dagegen aus, Nutzungsrechte an einer öffentlichen Ressource, die anschließend zum eigenen Nutzen verpachtet oder verkauft werden konnten, kostenlos zu vergeben, während andere (oftmals dieselben) dagegen waren, sich bei der Zuweisung von Ressourcen auf Marktprozesse zu verlassen. Fragt sich, wie es ihnen unter anderen Lebensumständen ohne Märkte ergehen würde.

Doch auch andere Fischereibereiche in den USA schienen sich besonders gut für ITQ zu eignen, wie zum Beispiel der Alaska-Seelachs. Der Fang von Alaska-Seelachs war lange Zeit wie auch die Alaska-Heilbutt-Fischerei über eine

---

21 S. dazu Smith (2000).

allgemeine Quote kontrolliert worden, was sich aus Sicht des Artenschutzes auch hier als recht erfolgreich erwies, wenngleich viel Raum für überhöhte Flottenkapazitäten geschaffen wurde. In der Zeit, in der die Pläne für ITQ in der Alaska-Seelachs-Fischerei geprüft wurden, waren zwei Dinge geschehen: Der US-Kongress hatte aufgrund der Kontroversen der früheren Programme ein Moratorium über neue ITQ-Programme verhängt und all jene, bei denen es sich nicht um Schiffseigner handelte, hatten erkannt, welche Gewinne möglich waren, wenn sie einen Teil der durch ITQ-Programme generierten Ressourcenrente für sich beanspruchen konnten. Vieles konnte insbesondere von der Alaska-Heilbutt-Fischerei gelernt werden. Das fischverarbeitende Gewerbe, das die Anlagen zur Tiefkühlung des während der kurzen für den Fang geöffneten Zeitfenster angelandeten Heilbutts betrieben hatte, büßte nach Einführung der ITQ an Geschäft ein, da der meiste Fisch gegen bessere Bezahlung auf den Frischfischmarkt gebracht wurde. Die Lobby der Alaska-Seelachs-Industrie hatte diese Lektion gelernt und verstand es, sie sich zunutze zu machen. Viele Verarbeiter fürchteten bei Einführung eines ITQ-Systems Geschäftseinbußen. Ihr Argument: Die Fangquoten würden an Schiffe vergeben, die ihren Fisch anderswo an Land brächten, sodass sie letztlich mit wertlosem Kapital dastünden. Und letztlich lagen sie damit gar nicht so falsch, denn einige Anlagen zur Verarbeitung von Seelachs zu Surimi befinden sich in alaskischen Nebenhäfen mit wenig bis keiner anderen wirtschaftlichen Aktivität. Um dem entgegenzuwirken, wurde ein doppeltes Quotensystem mit einer Aufteilung zwischen Schiffen und verarbeitender Industrie vorgeschlagen.[22] Die Verarbeitungsquoten hätten nicht zwangsläufig dazu geführt, dass die Anlagen mit Rohstoffen gefüllt werden, sondern wären vielmehr als Kapitalwert von Bedeutung gewesen, der für den Fall, dass die Skipper ihren Fisch an einem anderen Ort anlanden wollten, an andere Verarbeiter verkauft werden konnte.

Das ITQ-Moratorium des Kongresses wurde lautstark verkündet, um Zeit für die genaue Prüfung der ITQ anhand US-amerikanischer und ausländischer Erfahrungen zu gewinnen. Der eingesetzte Prüfungsausschuss legte einen Bericht vor, in dem er ITQ ausdrücklich als mögliche Option empfahl, jedoch gleichzeitig bestimmte Bedingungen als Voraussetzung dafür nannte.[23] Der Kongress schenkte dem keine Aufmerksamkeit und verlängerte das Moratorium (das schließlich im Jahr 2002 auslief). In der Zwischenzeit nutzte einer der Senatoren von Alaska, Ted Stevens, sein Dienstalter und seinen Einfluss, um das Moratorium zu umgehen und brachte den American Fisheries Act durch den Kongress, mit dem für die Alaska-Seelachs-Fischerei sogenannte Kooperativen eingeführt wurden; und wie diese es gewünscht hatten, enthielt dieses Gesetz auch eine Quote für verarbeitende Unternehmen. Schiffe konnten demnach um einen Verarbeiter herum, an den sie ihre Fänge haupt-

---

22 Für doppelte Quoten sprechen sich Matulich, Mittelhammer und Reberte (1996) aus. Gegenargumente finden sich bei Wilen (2009).
23 Der Bericht des Ausschusses wurde als NRC (1999) veröffentlicht.

sächlich lieferten, „Kooperativen" bilden und verpflichteten sich, dies auch weiterhin zu tun, wenn sie in der Kooperative bleiben wollten. Die Kooperativen verfügten über bestimmte Vorteile und erhielten jährlich einen Anteil an der gesamten Seelachs-Quote. Ein ähnliches Schema wurde später für die Krabbenfischerei in der Beringsee eingeführt, die ebenfalls einer Flottenrationalisierung bedurfte. Auch der American Fisheries Act ging mit einer gewissen Flottenrationalisierung einher, indem bestimmte Schiffe das Recht erhielten, sich als Fabriktrawler am Fang von Alaska-Seelachs zu beteiligen. Diese Trawler konnten von der verbleibenden Flotte aus der Fischerei übernommen werden – eine offenkundige Alternative zu Quoten, die sich anschließend dauerhaft verkaufen ließen.

Nach Aufhebung des Moratoriums wurden in den USA verschiedene ITQ-Programme oder ähnliche Systeme umgesetzt und bei einem Teil der amerikanischen Regierung scheint heute eine gewisse Tendenz vorhanden zu sein, diese für möglichst viele Fischereien einzuführen.

### Andere Fälle

Die oben beschriebenen Fälle verdeutlichen, dass die Einrichtung einer neuen Institution wie Nutzungsrechte über Fischbestände einen politischen Entwicklungsprozess darstellt. Gesetzgeber sind gezwungen, entsprechende Gesetze zu erlassen. Hinter dem Gesetzgeber stehen wiederum Interessengruppen und Betroffene. Die politische

Unterstützung muss von jenen kommen, die von der Veränderung profitieren können. Diejenigen, die davon profitieren können, werden versuchen, die Vorschriften so zu umgehen, dass sie ihre Gewinne maximieren; diejenigen, die Verluste hinnehmen müssen, werden versuchen, den Prozess so zu lenken, dass sie ihre Verluste minimieren und vielleicht sogar in Gewinne umwandeln können.

Die oben genannten Fälle waren alle erfolgreich. In einigen davon unterliegen die ITQ-Systeme jedoch solch starken Einschränkungen hinsichtlich der Quotenübertragung, dass ihr wirtschaftlicher Nutzen fraglich ist. Doch es gibt auch Fälle, in denen Versuche, ITQ-Systeme einzurichten, aus politischen Gründen gescheitert sind. Ein solcher Fall ist Chile. In den späten 1980er Jahren hatte die chilenische Regierung einen Entwurf für ein ITQ-System zur Regelung der Fischereiaktivitäten des Landes vorgelegt. Der Entwurf stieß auf den Widerstand eines der größten Industriekonzerne, der vor allem in der nördlichen Anchovis- und Sardinenfischerei tätig war und sich den Zugang zur südlichen Fischerei hätte erkaufen müssen, wenn der Entwurf beschlossen worden wäre.[24] Viele Jahre später, nach der Jahrtausendwende, entstand auf Grundlage eines kurzfristigen Schiffsquotensystems nach und nach ein ITQ-System nach Vorbild der nördlichen Fischerei.

---

24 S. dazu Peña-Torres (1997).

Noch zwei weitere erfolglose Versuche seien hier erwähnt. Um 1990 befand sich die Wirtschaft der zu Dänemark gehörenden Färöer-Inseln in einer schweren Krise. Ein zur Erarbeitung von Vorschlägen zur Bekämpfung der Krise einberufener Ausschuss legte einen Plan zur Einrichtung von ITQ vor, mit deren Hilfe die Effizienz der Färöer-Fischerei gesteigert werden sollte. Der Vorschlag stieß auf starken Widerstand aus der Industrie und wurde nach zwei Jahren aufgegeben. Urheber des Vorschlags war Dänemark, dem vielfach vorgeworfen wurde, sich in der Manier eines Kolonialherren in Färöer Angelegenheiten einzumischen; es fehlte die Zustimmung aus den eigenen Reihen. Stattdessen richteten die Färöer ein System handelbarer Fangtage ein, das jedoch – ein tatsächlicher Handel mit Fangtagen findet so gut wie nicht statt – nicht allzu wirksam zu sein scheint. Der zweite Fall ist Peru. In den 1990er Jahren war der Verfasser dieses Beitrags als Berater bei der Weltbank mit der Aufgabe betraut zu versuchen, Peru vom Nutzen eines ITQ-Systems für seine Anchovis-Fischerei zu überzeugen. Der damalige Fischereiminister schien dem Vorschlag wohlgesonnen zu sein, holte jedoch eine zweite Meinung eines Sachverständigen ein, von der er vermutlich wusste, dass sie negativ ausfallen würde. Trotz der Drohung, eine Darlehenstranche einzubehalten, konnte die Weltbank ihr Ziel nicht erreichen. Auch in diesem Fall fehlte es an ausreichender Unterstützung aus dem Inland, und auch hier wurde Druck von außen als unlieb und unrechtmäßig erachtet. Viele Jahre später führte Peru auf eigene Initiative ein ITQ-System für seine Anchovis-Fischerei ein und zeitgleich mit diesem Beitrag finden sich in den Zeitungen Nachrichten über eine chinesische Fischereigesellschaft, die peruanische Fangquoten kauft. Innovationen brauchen ihre Zeit. Institutionelle Innovationen müssen jedoch von Mitgliedern der Gesellschaften, in denen sie funktionieren sollen, eingeführt und unterstützt werden; Eingriffe von außen können sich dabei als kontraproduktiv erweisen.

**Die Fischerei auf hoher See: Eine Grauzone**

Das neue Seerecht, das in den 1970er Jahren aufkam, schuf die rechtlichen Grundlagen, ohne die die ITQ-Systeme, die seitdem eingerichtet wurden, nicht möglich gewesen wären. Auch außerhalb der 200-Meilen-Zone gibt es noch riesige Ozeangebiete und viele „Löcher", die von allen Seiten von ausschließlichen Wirtschaftszonen umgeben sind, da die Entfernung zwischen den Küsten zweier Länder mehr als 400 Meilen beträgt. Und selbst wenn diese Bereiche der Ozeane relativ unproduktiv sind, so ist doch auch dort eine gewisse Fischerei möglich. Dem Thunfischfang kommt dabei die größte Bedeutung zu. Thunfisch ist ein wertvoller und stark wandernder Fisch, doch auch andere Wanderfische wie Hering können bisweilen außerhalb der 200-Meilen-Zone angetroffen werden und benthopelagische Arten wie Kabeljau sind ebenfalls in den außerhalb dieser Zone liegenden Gebieten des Festlandsockels heimisch. Diese Fischereien haben mit denselben Problemen des freien Zugangs zu kämpfen, die die gesamte Fischerei vor Einrichtung der 200-Meilen-Zone im Allgemeinen kennzeichnete.

Diese Probleme wurden drängender, nachdem die meisten Küstenstaaten der Welt in den 1970er Jahren eine 200-Meilen-Zone einrichteten, sodass die Vereinten Nationen in den frühen 1990er Jahren eine Sonderkonferenz zum Thema einberiefen. Der logischste Schritt hätte darin bestanden, die 200-Meilen-Zone weiter auszuweiten. Dies ist insbesondere dort offenkundig, wo es „Schlupflöcher" gibt, die durch die Eigenheiten der Natur entstanden sind, wie das Donut Hole und das Peanut Hole im Nordpazifik oder die beiden Schlupflöcher im Nordostatlantik, die allesamt vollständig von der 200-Meilen-Zone bzw. den Extrempunkten der Neufundlandbank umschlossen sind, an denen der Festlandsockel über die 200-Meilen-Grenze hinausreicht.

Doch die Konferenz kam nicht zu diesem Ergebnis. Warum? Aus innenpolitischen Prozessen aller Länder ist bekannt, dass Logik nicht der maßgebliche Entscheidungsfaktor ist. Vielmehr geht es um Interessen und die Versöhnung gegensätzlicher Interessen im Rahmen des Möglichen. Diese Art von Versöhnung ist kontextabhängig. Die Versöhnung von Interessen, die nur in einem Punkt gegensätzlich sind, liegt irgendwo zwischen den beiden Extremen. Sind mehrere verschiedene Interessen beteiligt, kann ein möglicher Kompromiss so aussehen, dass alle Forderungen einer Partei in Bezug auf einen Punkt erfüllt werden, während in einem anderen Punkt alle Interessen einer anderen Partei berücksichtigt werden. Für die dritte UN-Seerechtskonferenz war Letzteres geplant, indem den Seemächten die freie

Durchfahrt durch Meeresengen gewährt und den Küstenstaaten die 200-Meilen-Zone eingeräumt wurde. Die UN-Konferenz über Fischbestände befasste sich mit der Hochseefischerei, einem Bereich, in dem zwei einander diametral gegenüberstehende Interessen vereint werden mussten: auf der einen Seite die Küstenstaaten, die eine Begrenzung der Hochseefischerei forderten, auf der anderen Seite die in der Hochseefischerei tätigen Nationen, die die Fangfreiheit auf hoher See bewahren wollten. Diese Freiheit wird im UN-Seerechtsübereinkommen ausdrücklich betont. Eine weitere Ausdehnung der 200-Meilen-Zone war nicht allzu wahrscheinlich, obschon die Schließung von Schlupflöchern keine ausgemachte Sache war.

Stattdessen endete die Konferenz mit einem Übereinkommen (dem UN Fish Stock Agreement), das die Befugnis zur Bewirtschaftung der Fischbestände auf hoher See an sogenannte Regionale Fischereimanagementorganisationen (RFMO) übertrug. Einige von diesen stammen aus Zeiten weit vor der Konferenz und kümmern sich hauptsächlich um die Bewirtschaftung der Thunfischbestände[25], während andere infolge des UN Fish Stock Agreement eingerichtet wurden. Einige dieser Organisationen haben Fortschritte gemacht und ihre Mitglieder dazu gebracht, Quotenbegrenzungen für den Fischfang auf hoher See zu akzeptieren, was

---

25 Dazu zählen unter anderem die Internationale Kommission für die Erhaltung der Thunfischbestände im Atlantik (ICCAT) und die Interamerikanische Kommission für tropischen Thunfisch (IATTC).

anderen nicht gelungen ist, sei es, weil ihre Mitglieder sich nicht hinsichtlich solcher Quotenbegrenzungen einigen können, über eine Opt-out-Möglichkeit verfügen oder sich ganz einfach nicht an die vorgeschriebenen Quotenbegrenzungen halten. Diese Organisationen stellen ein erhebliches Hindernis für eine erfolgreiche Bewirtschaftung der Fischerei dar. Hierfür ist es notwendig, den Zugang zu dieser Fischerei zu begrenzen und diese Begrenzung auch durchzusetzen. Die RFMO eignen sich weder für das eine noch für das andere. Das Fish Stock Agreement sieht ausdrücklich vor, dass die Mitgliedschaft in einer RFMO allen offensteht, die ein aufrichtiges Interesse an der betreffenden Fischerei haben, und ermuntert alle, die aufrichtig daran interessiert sind, Mitglied zu werden – eine Definition, was aufrichtiges Interesse bedeutet, findet sich jedoch nirgends. Im Zusammenhang mit dem Seerechtsübereinkommen scheint der Terminus zu bedeuten, dass die Mitgliedschaft allen offensteht, die Mitglied werden möchten, und zumindest einige RFMO sind dieser Auslegung gefolgt und haben all jene aufgenommen, die die Mitgliedschaft beantragt haben. Die RFMO verfügen über keinerlei Möglichkeiten, ihre Entscheidungen durchzusetzen; die Rechtsprechung auf hoher See liegt in der Zuständigkeit des Flaggenstaates, also desjenigen Staates, in dem das Schiff registriert ist. Nicht selten handelt es sich dabei um ferne Staaten (bisweilen sogar Binnenstaaten, manche Fischerboote auf hoher See fahren unter bolivianischer Flagge), die nur geringes Interesse und wenige Möglichkeiten haben, solche Entscheidungen durchzusetzen. Ein Mitgliedstaat der RFMO wird ermächtigt, ein Schiff, das in dem Verdacht steht, gegen die Regeln zu verstoßen, zu inspizieren; das Fish Stock Agreement enthält genaue Bestimmungen darüber, wie der Flaggenstaat über gefundene Beweise in Kenntnis zu setzen ist und führt genauestens aus, dass die Durchsetzung letztlich in den Händen des Flaggenstaates liegt.

Die Mitglieder der RFMO haben versucht, diese Schwierigkeit durch Sanktionierung der Fischvermarktung und der Hafendienste zu umgehen, wonach Schiffe, die beim Fischfang gegen eine RFMO-Vorschrift verstoßen, ihren Fisch nicht an Land bringen und keine Hafendienste in Anspruch nehmen können. Die Wirksamkeit solcher Maßnahmen hängt davon ab, wie genau diese von dem betreffenden Hafenstaat verfolgt werden. Handelt es sich bei dem Hafenstaat ebenfalls um einen Mitgliedstaat der RFMO, kann davon ausgegangen werden, dass ein solches System funktioniert. In jedem Falle jedoch müssen Sanktionen dieser Art nach der Lösung durch die Rechtsprechung eines Küstenstaates innerhalb seiner ausschließlichen Wirtschaftszone als zweite Wahl gelten. Ein wichtiges Argument dafür ist, dass die Durchsetzung von Vorschriften im Falle des beschriebenen Vorgehens in den Händen eines Staates läge, der durch den Verstoß gegen die Regeln Schaden erleidet. Dieser Aspekt ist deshalb wichtig, weil die Durchsetzung von Vorschriften auf See ein kostspieliges Unterfangen ist, das eine gut ausgerüstete Küstenwache sowie ggf. sogar Flugzeuge oder Helikopter erfordert, die zuwiderhandelnde Schiffe schnell aufspüren können.

Bisweilen findet sich die Äußerung, dass das Problem der Überfischung und der Überkapazitäten in der Hochseefischerei durch die Einrichtung von ITQ-Systemen ähnlich derer, die für Fischbestände innerhalb der 200-Meilen-Zone eingerichtet wurden, zu lösen sei.[26] Abgesehen von der Schwierigkeit der Durchsetzung ist die entscheidende Frage hier jedoch, ob die RFMO überhaupt in der Position sind, den Zugang zur Fischerei zu beschränken. Niemand wird für eine Fangquote bezahlen, wenn er kostenlos fischen kann. Aktuell ist es mehreren RFMO gelungen, Fangquoten vorzuschreiben, die von ihren Mitgliedern eingehalten werden, was zeigt, dass dieselben Fangquoten auch gekauft oder verkauft werden könnten. In den vorliegenden Fällen scheint eine begrenzte Anzahl von Teilnehmern sich bezüglich der Frage der Fangquotenverteilung verständigt zu haben. Nichtsdestoweniger bleibt die Gefahr bestehen, dass beispielsweise durch die Verwendung von Gefälligkeitsflaggen neue Teilnehmer an der Fischerei auftauchen, selbst wenn es sich bei den tatsächlichen Eignern um Staatsangehörige aus RFMO-Mitgliedsländern handelt.

Das internationale Seerecht entwickelt sich in dieser Frage zweifelsohne nach wie vor weiter, ähnlich wie in den Jahrzehnten nach dem Zweiten Weltkrieg in Bezug auf den Respekt von Hoheitsgebieten. Die Rechtmäßigkeit von RFMO wurde wie auch das Verhängen von Sanktionen zur

---

26 Eine genauere Auseinandersetzung mit dieser Frage findet sich bei Serdy (2010).

Durchsetzung ihrer Entscheidungen bereits anerkannt. Man könnte vorbringen, solche Sanktionen widersprächen den Regeln des internationalen Handels – die Welthandelsorganisation hat diesbezüglich bereits eine gerichtliche Entscheidung gefordert, die bislang jedoch noch nicht ergangen ist – und es scheint mehr oder weniger Einigkeit darüber zu herrschen, dass Sanktionen dieser Art als mit den Regeln des internationalen Handels vereinbar zu betrachten sind. Das Recht, Schiffe aus Drittländern zu inspizieren, wurde anerkannt, und möglicherweise entwickelt sich die Sachlage dahingehend weiter, dass jene, die die Regeln brechen, auch in anderen Staaten als dem Flaggenstaat zur Rechenschaft gezogen werden können. Ebenfalls denkbar wäre eine Anerkennung des Rechts der RFMO darauf, neue Mitglieder von der Beteiligung an einer voll genutzten Fischerei auszuschließen und nur als Ersatz für jene zuzulassen, die bereits beteiligt sind. Würde all dies eines Tages Realität, wäre ein großer Schritt hin zu einer wirksamen Bewirtschaftung der Hochseefischerei durch RFMO getan, die damit die Möglichkeit erhielten, nach eigenem Gutdünken wirksame ITQ-Systeme einzurichten.

**Ergebnis**

Nur wenige Themen sind ähnlich faszinierend wie das Seerecht und die Einführung von Eigentumsrechten in der Fischerei. Die aufgezeigte Entwicklung verdeutlicht, welche Entwicklung die Institutionen von den eigenwilligen Anfängen bis hin zu einer Regelung, der eine nützliche Rolle zukommt, genommen haben, und welchen Einfluss der Zufall dabei hatte. Sie zeigt außerdem, inwiefern die technologische Entwicklung die Überholung bestehender institutioneller Gefüge bedingt und der Einrichtung neuer, geeigneterer Institutionen zuträglich ist. Und schließlich ist sie ein gutes Beispiel dafür, welche Rolle die Verknappung bei der Entstehung von exklusiven Rechten spielt und welchen Nutzen exklusive Rechte für ein angemessenes Ressourcenmanagement und die Generierung neuen Wohlstands durch ein solches Management haben.

Ist eine solche Entwicklung unvermeidbar? Gibt es einen historischen Determinismus, der zielstrebig hin zu einer Welt mit den Institutionen führt, die sich für die zu bewältigenden Aufgaben am besten eignen? Dieser Schluss wäre sicherlich naiv. Das Entstehen von Institutionen ist für gewöhnlich ein konfliktbeladener Prozess zwischen gegensätzlichen Interessen; die Entwicklung des Seerechts und der Eigentumsrechte im Bereich der Fischerei ist voller solcher Konflikte und manche fragen sich möglicherweise nach wie vor, ob die aktuelle institutionelle Ordnung auch tatsächlich die bestmögliche ist. Aus Sicht des Verfassers ist sie es. Die 200-Meilen-Zone in ihrer heutigen Form bietet die passende Grundlage für ein Fischereimanagement, das den Fischfang in wirtschaftlich wirksamer Weise angemessen begrenzt. Einziger Schwachpunkt ist die Regelung für die Hochseefischerei, was verdeutlicht, dass an der tatsächlichen Entwicklung des Seerechtes nichts Unvermeidbares ist. Schließen wir jedoch optimistisch. Die Herausforderungen, denen die

Hochseefischerei bei ihrem heutigen Management gegenübersteht, werden vermutlich entweder zu einer Stärkung des aktuellen Systems in seinen bestehenden Formen beitragen oder zu einer weiteren Ausweitung der 200-Meilen-Grenze führen.

**Literaturverzeichnis**

Bailey, T.A. (1980): *A Diplomatic History of the American People.* Prentice-Hall.

Clark, I., P. Major und N. Mollett (1989): The development and implementation of New Zealand's ITQ management system. In P. Neher, R. Arnason und N. Mollett (Hrsg.): *Rights Based Fishing,* NATO ASI Series E 169: 117-145, Kluwer.

Costello, C., S.D. Gaines und J. Lynham (2008): Can catch shares prevent fisheries collapse? *Science* 321: 1678-1681.

Crutchfield, J. und A. Zellner (1962): Economic aspects of the Pacific halibut fishery. *Fishery Industrial Research* 1(1), US Gov't Printing Office, Washington D.C.

Demsetz (1967): Toward a theory of property rights. *American Economic Review* 57: 347-359.

Gordon, S. (1954): The economic theory of a common property resource: the fishery. *Journal of Political Economy* 62: 124-142.

Grafton, R.Q., D. Squires und K.J. Fox (2000): Private property and economic efficiency: a study of a common-pool resource. *Journal of Law and Economics* 43: 679-713.

Hardin, G. (1968): The tragedy of the commons. *Science* 162: 1243-1248.
Hannesson, R. (2004): *The Privatization of the Oceans.* MIT-Press.
Hersoug, B. (2002): *Unfinished Business.* Eburon.
Hollick, A. (1977): The origins of the 200-mile offshore zones. *American Journal of International Law* 71: 494-500.
Hollick, A. (1981): *U.S. Foreign Policy and the Law of the Sea.* Princeton University Press.
Matulich, S.C., R.C. Mittelhammer und C. Reberte (1996): Toward a more complete model of individual transferable fishing quotas: implications of incorporating the processing sector. *Journal of Environmental Economics and Management* 31:112-128.
McCay, B. und S. Brandt (2002): Changes in fleet capacity and ownership of harvesting rights in the U.S. surf clam and ocean quahog fishery. In *Case Studies of the Effects of Introduction of Transferable Property Rights on Fleet Capacity and Concentration of Ownership in Marine Fisheries.* Food and Agricultural Organization of the United Nations.
Miles, E.L. (1998): *Global Ocean Politics: The Decision Process at the Third United Nations Conference on the Law of the Sea 1973-1982.* Martinus Nijhoff.
NRC (1999): *Sharing the Fish.* National Research Council, Washington, D.C.
Peña-Torres, J. (1997): The political economy of fishing regulation: the case of Chile. *Marine Resource Economics* 12: 253-280.

Serdy, A. (2010) International fisheries law and the transferability of quota: principles and precedents. In D. Squires, J.A. Joseph and R. Allen, Robin (Hrsg.) *Conservation and Management of Transnational Tuna Fisheries.* Wiley-Blackwell, 99-125.

Smith, P.J. (2000): How "privatization" can result in more government: the Alaska halibut and sablefish experience. In R. Shotton (Hrsg.): Use of Property Rights in Fisheries Management: Mini-Course Lectures and Core Conference Presentations. *FAO Fisheries Technical Paper* 404/1.

Smith, T. (1994): *Scaling Fisheries.* Cambridge University Press.

Vicuña, F.O. (Hrsg., 1984): *The Exclusive Economic Zone.* Westview.

Wang, S. (1995): The surf clam ITQ management: an evaluation. *Marine Resource Economics* 10: 93-98.

Wilen, J.E. (2009): Stranded capital in fisheries: the Pacific coast groundfish/whiting case. *Marine Resource Economics* 24: 1-18.

# Mit Verbots-Naturschutz werden wir Afrikas Tierwelt nicht retten

**Rolf D. Baldus und Michael Miersch**

Rolf D. Baldus ist Ökonom und Entwicklungsexperte. In einem der größten Naturreservate der Welt bekämpfte er die Wilderei mit marktwirtschaftlichen Anreizen. Kontrollierte Jagd brachte das Geld, um den Schutz der Wildnis zu finanzieren. Der Erfolg gab ihm Recht. Schon nach kurzer Zeit stieg die Zahl der Elefanten und der anderen Tiere wieder an. Mit Rolf D. Baldus sprach Michael Miersch.

**Michael Miersch:** In Ostafrika richteten Wilderer in den 80er Jahren regelrechte Elefantenmassaker an. Sie haben in den 90er Jahren im Auftrag der deutschen Entwicklungszusammenarbeit das Selous Reservat Wildreservat in Tansania neu organisiert und die Wilderei dort erfolgreich zurückgedrängt. Wie gelang das?

**Dr. Rolf D. Baldus:** Bevor wir über die Erfolge sprechen, möchte ich erst kurz an die Vorgeschichte erinnern. In den frühen achtziger Jahren erfasste die Elefantenwilderei Ostafrika ja wie eine Flutwelle, die Richtung Süden rollte. Schließlich erreichte sie das südliche Tansania, wo eine der größten Elefantenkonzentrationen des ganzen Kontinents lebte. Zentrum war das damals weitgehend unbekannte Selous-Wildreservat. Es wurde vor über hundert Jahren, genau gesagt 1896, von dem deutschen Gouverneur Hermann von Wissmann gegründet. In den achtziger Jahren war es auf 50.000 Quadratkilometer angewachsen und diente vor allem dem Schutz von Elefanten. In den 70er Jahren lebten im Selous über 100.000 Elefanten.

Doch dann war wegen der fehlgeschlagenen sozialistischen Wirtschaftspolitik von Präsident Julius Nyerere der Staat pleite und auch die Naturschutzverwaltung brach zusammen. Geld war keins mehr da. Nyerere appellierte an die sozialistische Moral seiner Beamten. Doch wie Bertold Brecht so treffend sagte: Erst kommt das Fressen – dann die Moral. Die Wildhüter verdienten damals nur etwa 20 Euro im Monat. Also lebten sie von Wildfleisch und schossen Elefanten ab, um das Elfenbein zu verkaufen. Die Dorfbewohner taten dasselbe. Verwaltung und Funktionäre der allmächtigen Einheitspartei schöpften den Rahm ab, indem sie den Zwischenhandel und Export in die Hand nahmen. Korruption war allgegenwärtig, das ging bis ganz nach oben. Mitte der achtziger Jahre lebte im Selous und seinen Randgebieten kaum noch die Hälfte der Elefantenpopulation. Und es ging weiter steil abwärts, bis schließlich nicht einmal mehr 30.000 lebende Elefanten gezählt werden konnten. Gleichzeitig sahen wir bei unseren Zählungen aus der Luft aber die Kadaver und Schädel von 10.000 toten Elefanten.

Das war die Situation, als ich mich Ende 1987 im Bonner Entwicklungshilfeministerium freistellen ließ, um vor Ort dem Selous Reservat wieder auf die Beine zu helfen. Unser Hauptziel war zunächst einmal ein Stopp der Elefantenwilderei und einen Anstieg der Elefantenzahlen. Wir zogen die Verwaltung, die Wildhüter und – soweit es ging – die umliegenden Dörfer zurate. Dann begannen wir ganz pragmatisch an drei Baustellen zu arbeiten: Erstens mussten wir ein geordnetes Management einführen. Zweitens die Finanzierung des Reservats sicher stellen. Und drittens mussten wir den Dorfbewohnern wirtschaftliche Anreize geben, damit die Artenvielfalt geschützt werden konnte.

**Miersch:** Wie lief das konkret ab?

**Baldus:** Für Baustelle Eins, also die Einführung eines geordneten Managements, mussten die Wildhüter ausgebildet, ausgerüstet, neu orientiert und dazu gebracht werden, wieder ihre Arbeit zu tun, anstatt selbst zu wildern. Wir mussten die notwendige Infrastruktur, also Straßen, Flugpisten und Wildhüter-Stationen herstellen. Wie unsere Ausgangssituation aussah, können Sie sich vielleicht vorstellen, wenn ich Ihnen sage, dass die „Fahrzeugflotte" damals aus zwei schrottreifen Landrover bestand. Und das für eine Wildnis von der Größe der Schweiz. Um dieses improvisierte Arbeiten in ein systematisches Management umzuwandeln, haben wir für das Reservat einen Managementplan erstellt.

Baustelle Nummer Zwei, also die Finanzierung, war auch nicht gerade einfach. Der karge Lohn der Wildhüter wurde vom Staat bezahlt, er gab dafür und alle anderen laufenden Kosten jährlich 100.000 US-Dollar an Haushaltsmitteln. Das waren pro hundert Hektar zwei Dollar – Kommentar überflüssig. Die Entwicklungshilfegelder waren sehr begrenzt und es war klar, dass sie nach einigen Jahren ohnehin wieder zu Ende gehen. Meine tansanischen Kollegen glaubten, dass das große Geld von den Tierschutzorganisationen kommen würde. Bestimmt erinnern Sie sich noch an die damals weltweiten Kampagnen mit Behauptungen wie „der letzte Elefant sei schon geboren" und dem Schlachtruf „Rettet die Elefanten". Damit sammelte der Tierschutz viele Millionen Spendengelder ein. Doch raten Sie mal, wie viel davon das wichtigste Elefantenreservat in Afrika bekam? Ich kann es Ihnen sagen: ein oder zwei Autos, zwei Aluminiumboote, einen Werkstattwagen und unbrauchbare Dinge wie Elektroorgeln, vierrädrige Quads oder zwei Ultralights. Selbst meine Kollegen mussten bald einsehen, dass wir uns besser auf unsere eigenen Möglichkeiten besinnen sollten. Und das war dann die Geburtsstunde einer Vereinbarung mit dem tansanischen Finanzminister: Der Selous durfte die Hälfte seiner Einnahmen einbehalten. Und die stammten zu 90 Prozent aus dem Jagdtourismus.

Damit kommen wir zu Baustelle Drei: den wirtschaftlichen Anreizen für die Dorfbewohner. Die meisten Wilderer kamen aus den umliegenden Dörfern und dort lebten sie wie die Fische im Wasser. Sie sahen es als ihr Recht, zu jagen, um ihre Familien zu ernähren. Wilderei wurde nicht als kriminell betrachtet. Das Jagdverbot war gescheitert. Wir mussten also einen Weg finden, die Bewohner am Erhalt der Wildtiere zu interessieren. Aus meiner Sicht war das nur möglich, wenn sie selbst ein materielles Interesse daran entwickelten. Also Schutz durch Nutzung. Wir mussten einen Weg finden, den Menschen das Eigentum am Wild oder zumindest ein Nutzungsrecht zu übertragen. Wir wollten ihnen die Nutzung nicht länger verbieten. Aber wir wollten die Nutzung in die Nachhaltigkeit überführen.

**Miersch:** Das klingt ziemlich ambitioniert. Wie lief es in der Praxis?

**Baldus:** Die ersten Erfolge sahen wir schon ganz bald: Durch das verbesserte Management und den Einsatz polizeilicher Mittel zur Wildereibekämpfung konnten wir der schlimmsten Wilderei recht schnell die Spitze nehmen. Und nach drei, vier Jahren war die Wilderei dann populationsdynamisch schon nicht mehr relevant. Die Elefantenbestände wuchsen wieder. Statt drei- bis fünftausend gewilderter Elefanten im Jahr waren es schließlich weniger als hundert. Tierschützer in Nairobi, die unserem Ansatz feindlich gegenüber standen, weil er auf nachhaltiger Nutzung basierte, warfen uns sogar vor, dass wir die Ergebnisse gefälscht hätten. Aber die Elefantenzählungen waren gar nicht von uns, sondern sind von völlig unabhängigen Wissenschaftlern durchgeführt worden.

Dieser enorme Erfolg war natürlich nur möglich, weil uns dafür genug Geld zur Verfügung stand. Mit unserem Ansatz der nachhaltigen Nutzung hatten wir die Gesamteinnahmen des Reservats auf fast sechs Millionen Dollar gesteigert – und die Hälfte davon stand uns für den Schutz von Selous zur Verfügung. Damit konnten wir über 20 Geländewagen finanzieren, ein Kleinflugzeug, fünf Straßenhobel und Bulldozer und jede Station im Busch hatte abends ein paar Stunden Strom. Alle Wildhüterfamilien hatten ein ordentliches Dach über dem Kopf und für jeden Patrouillentag im Busch gab es eine Prämie. Wir hatten 6.000 Kilometer einfache Pisten und 20 Kleinflugplätze gebaut. Fast jeder Scout konnte mit einem GPS-Gerät umgehen, und wir waren in der Lage, innerhalb von 24 Stunden überall im Park vor Ort Wildhüter einzusetzen, wenn es nötig war. Die meisten Dörfer am Rande des Reservats nannten inzwischen Hege- und Jagdgebiete ihr Eigen. Sie verwalteten diese „Wildlife Management Areas" selbst und hatten rund 500 uniformierte Dorfwildhüter im Einsatz, die außerhalb des Reservats die illegale Jagd unter Kontrolle brachten.

**Miersch:** Wie reagierte die Dorfbevölkerung darauf, dass sie die Wildtiere nun wieder nutzen durfte?

**Baldus:** Die reagierten so, wie Sie und ich auch reagieren würden. Wenn man etwas nutzen darf, ist man an seiner langfristigen Erhaltung interessiert. Da unterscheiden sich afrikanische Kleinbauern um nichts von uns.

Für die Dorfbewohner und ihre Wildhüter war plötzlich jeder Wilderer ein Konkurrent, der „ihr" Wild stehlen wollte. Sie handelten ausschließlich im Eigeninteresse. Dass damit auch Naturschutz verbunden war, dass ihr Verhalten die Artenvielfalt sicherte – das nahmen sie billigend und durchaus auch positiv zur Kenntnis. Aber es war nicht ihre Antriebsfeder. Sie waren nicht „Wildlife-Manager" geworden, weil sie zur Erreichung der Ziele der UN-Biodiversitätskonvention beitragen wollten. Sondern weil sie damit etwas für ihre Familien verdienen konnten – ein bisschen Fleisch und manchmal auch Bares. Im Übrigen spielt Wild in der dörflichen Kultur noch eine große Rolle.

**Miersch:** Wie sah denn die Nutzung aus?

**Baldus:** Das lief so ab: Die Dörfer gaben ihren Wildhütern den Auftrag, nach Maßgabe von Abschussquoten der Wildschutzbehörde zu jagen, in der Regel auf Büffel und verschiedene Antilopenarten. Dieses Fleisch wurde zum eigenen Verzehr in den Dörfern verkauft. Manche Dörfer verkauften zusätzlich Abschüsse an Fleischjäger aus den großen Städten. Zugegeben, diese Einnahmen pro Kopf waren bescheiden. Aber das alte deutsche Sprichwort, dass Kleinvieh auch Mist macht, gilt genauso in Afrika. Die Verfügbarkeit von legalem Fleisch war an sich schon ein großer Anreiz, weil man dort wegen der Tsetsefliege kaum Ziegen und Rinder halten kann. Diese Einnahmen wurden meist in Schulen, Krankenstationen oder Brunnen investiert. Dadurch hatten also alle etwas davon.

Ganz wichtig war für die Einwohner auch das Gefühl, endlich wieder selbst über die Ressource Wild bestimmen zu dürfen. Das darf man nicht übersehen. Das klassische Konzept zum Schutz der Wildtiere in Afrika heißt ja: „Verbieten und bestrafen! Nutzung und Jagd sind verboten! Zuwiderhandlung ist Wilderei und wird bestraft!" Das ist die Theorie. Doch funktioniert hat das unter afrikanischen Bedingungen nirgendwo. Überlegen Sie mal: Über die Hälfte des Fleisches, das in Afrika auf dem Land verzehrt wird, stammt immer noch von wilden Tieren und ist damit formell illegal. Trotzdem werden sogar die afrikanischen Migranten in Paris, London oder Brüssel mit „bush meat" oder „viande de brousse" versorgt. Obgleich dieses Schutz-Konzept, im Englischen wird es auch als „fortress conservation" bezeichnet, so grandios und so umfassend gescheitert ist, fällt bis heute den meisten Tierschützern nichts anderes ein, als Verbote und Strafen vorzuschlagen, wenn man fragt, wie sie denn die Wildtiere besser schützen wollen. Doch damit scheitert man. Die Zukunft gehört Konzepten, die auf Eigeninteresse, also auf ökonomischen Anreizen, basieren.

**Miersch:** Im Selous-Reservat wird der Wildreichtum aber nicht nur von der Dorfbevölkerung genutzt, sondern auch, indem man Abschussrechte an Jagdtouristen verkauft. Kann man das mit den Naturschutzzielen in Einklang bringen?

**Baldus:** Na klar, sonst würden es die Tansanier nicht betreiben und wir hätten es nicht unterstützt! Mit der Trophäenjagd wird sehr viel Geld verdient. Nach unseren Berechnungen sind es heute zirka 60 Millionen US-Dollar im Jahr, wenn man alle Jagdgebiete Tansanias zusammenzählt. Und diese gewaltigen Einnahmen erzielt man mit etwa 1.500 Jagdgästen und relativ wenigen Tieren, die ihr Leben lassen müssen. Ein Fünftel der Einnahmen fließt in Form von Gebühren und Abgaben direkt an die Wildschutzbehörde. Diese Einnahmen könnte man noch wesentlich erhöhen, wenn man stärker marktwirtschaftliche Mechanismen zulassen würde, zum Beispiel die Versteigerung der Jagdblocks anstatt freihändiger Vergabe.

Nun kann man persönlich der Jagd durchaus ablehnend gegenüber stehen. Das ist Geschmackssache. Was die Kritiker aber meist übersehen: Ohne diese Form der Landnutzung gäbe es dort nicht mehr Wildtiere – sondern weniger. Die Alternative wären einfach mehr Kühe, Ziegen und Maisfelder. Man muss das realistisch sehen: Jagd gegen Bezahlung ist tatsächlich eine der ökonomisch attraktivsten Formen, um in Afrika Wild zu nutzen. Mehr Einnahmen pro Landeinheit bringt nur der Massentourismus. Aber gejagt wird ohnehin meist nur auf solchen Flächen, die für Fototouristen aus unterschiedlichen Gründen nicht attraktiv sind. Außerdem belastet die Trophäenjagd die Umwelt viel weniger als Reisegruppen, die viel mehr Infrastruktur benötigen. Der einzelne Teilnehmer einer Fotosafari verschafft der Gegend, die er bereist, vergleichsweise wenige Einnahmen. Für eine Trophäenjagd dagegen bezahlt der einzelne Tourist sehr hohe Summen und bringt dadurch weitaus höhere

Einnahmen. Der viel missbrauchte Begriff „Ökotourismus" trifft deshalb auf die Trophäenjagd in den meisten Fällen zu.

**Miersch:** Wird die Dorfbevölkerung an den Einnahmen aus dem Jagdtourismus beteiligt? Oder profitieren die Bauern in der Region nur in Form von Fleisch, weil sie selbst wieder jagen dürfen und obendrein das Fleisch erhalten, das bei der Trophäenjagd anfällt?

**Baldus:** Es war unser großes Ziel, die Dorfbevölkerung an den Tourismuseinnahmen zu beteiligen. Die Kleinbauern wussten nur allzu gut, dass der Staat und die privaten Jagdfirmen mit ausländischen Trophäenjägern sehr viel Geld verdienten. Deshalb forderten sie ihren Anteil, wenn diese Jagd auf Dorfland stattfand. Darüber haben wir lange verhandelt, was dann auch in einer „wildlife policy" festgeschrieben wurde, also einer nationalen Strategie für den Erhalt der Wildtiere. Die Idee wurde in das neue Wildschutz- und Jagdgesetz aufgenommen. Aber richtig in die Tat umgesetzt ist das leider auch zehn Jahre später noch nicht.

**Miersch:** Woran liegt es?

**Baldus:** Nun, damit berühren wir ein Grundproblem, das der Afrika-Kenner gerne mit der Bemerkung „c'est l'Afrique" erklärt: So ist das eben in Afrika! Ganze Bücherwände sind mit Werken gefüllt worden, in denen vergeblich versucht wird, die Entwicklungsrückstände dieses Kontinents trotz reicher Ressourcen und Bodenschätze zu erklären. Das

Schlagwort „Kolonialismus" greift zu kurz – und man kann das ein halbes Jahrhundert nach der Entkolonialisierung ja auch nicht mehr ernsthaft ins Feld führen.

Nein, hier sind wir mittendrin in der afrikanischen Malaise. Und die heißt: schlechte Regierungsführung und Korruption. Seit vierzig Jahren werden die Jagdblocks in Tansania nicht öffentlich versteigert, sondern hinter geschlossenen Türen vom Minister oder seinem Abteilungsleiter freihändig vergeben. Und zwar zu einem Preis, der früher gerade einmal fünf bis zehn Prozent des tatsächlichen Wertes ausmachte. Man muss die Afrika-Naivität eines Sir Bob Geldof oder eines Bono haben, um hier nicht zu erkennen, was hinter den Kulissen passiert.

Das Ministerium und die Wildschutzbehörde wollten diese Einnahmen auf keinen Fall mit den Dörfern teilen, geschweige denn, die Jagdkonzessionen auf Dorfland versteigern. Dabei hätte genau das den Dörfern ganz erhebliche Einnahmen gebracht. Ein guter Jagdblock würde auf einer Versteigerung leicht 100.000 Dollar bringen. Dazu ist es aber bisher nicht gekommen.

Wir haben hier ein gutes Beispiel dafür, wie die nachhaltige Nutzung einer natürlichen Ressource einen wesentlichen Beitrag zur Armutsminderung auf dem Lande leisten könnte. Doch durch Korruption, durch schlechte Regierungsführung, also durch „bad governance", wie man das heute nennt, wird das Inwertsetzen des Wildes zum Marktpreis verhindert. Solche Dinge sind nicht auf die Jagd beschränkt. Das passiert in jedem Bereich, wo viel Geld zu verdienen ist. Das finden Sie in der Fischerei und in der Forstwirtschaft genauso wie in der Zentralbank oder beim Bergbau.

**Miersch:** Und wie haben die Bauern vor Ort reagiert?

**Baldus:** Mit Enttäuschung, aber auch mit Selbsthilfeaktivitäten und indem sie sich politisch artikuliert haben. Die Dörfer und Distrikte nahmen quasi spontan die Haltung „Jetzt erst recht!" ein. Und damit haben sie eine ganze Reihe neuer dörflicher Wildschutzgebiete auf den Weg gebracht. Zum Beispiel ist ein Wildschutz-Korridor zwischen dem Selous-Wildreservat und dem Niassa-Wildreservat in Mosambik entstanden. Der Korridor selbst hat eine Größe von 9.000 Quadratkilometern. Insgesamt ist dadurch ein grenzüberschreitendes Gebiet mit abgestimmtem Naturschutzmanagement von 120.000 Quadratkilometer Größe entstanden. Das war nicht von oben gesteuert, sondern ist von unten aus der Bevölkerung gewachsen. Obendrein hat man die Probleme öffentlich diskutiert, ins Parlament getragen und die Zeitungen waren voll davon. So kam eine politische Diskussion in Gang, wer vom Wild den Nutzen haben soll und wie man durch bessere Regierungsführung, Transparenz und den Einsatz marktwirtschaftlicher Instrumente die Korruption abbauen und den Ertrag vom Wild erhöhen kann.

Dass es möglich ist, der ländlichen Bevölkerung ganz schnell hohe Jagderträge zufließen zu lassen – und dass dadurch in kurzer Zeit die Wildbestände immens wachsen: Das hat Namibia wegweisend bewiesen. Da hält sich der Staat weitgehend raus, erlaubt den ländlichen Gemeinden die Wildnutzung und die haben ihre Jagdgebiete versteigert.

**Miersch:** Besteht nicht die Gefahr der Übernutzung? Funktioniert die Kontrolle?

**Baldus:** Natürlich ist die große Herausforderung immer und überall, dass die Wildbewirtschaftung nachhaltig bleibt. Aber sehen Sie: Wenn die Jagd verboten ist, dann bedeutet das ja nicht, dass Übernutzung verhindert wird. Ganz im Gegenteil. Dann schießen die Wildhüter selbst unkontrolliert; es wird gewildert, die Nutzung findet in der Illegalität und ohne Kontrolle statt. Bei der gemeindeorientierten Wildbewirtschaftung dagegen werden die Jagdquoten offen und transparent in Dorfversammlungen und eigens gewählten Gremien erörtert. Die nicht funktionierende staatliche Kontrolle wird durch soziale Kontrolle ersetzt – und das funktioniert in der Praxis bei weitem nicht ideal, aber viel besser.

Die amerikanische Ökonomin Elinor Ostrom hat gezeigt, dass Gemeinschaftsgüter dezentral in Selbstverwaltung nachhaltig bewirtschaftet werden können, wenn die Nutzer zusammenarbeiten. Menschen kooperieren, wenn sie sehen, dass Einigkeit stark macht und alle weiter bringt. Damit lässt sich Nachhaltigkeit erreichen. Übernutzung ist kein Naturgesetz. Sondern sie kann durch sinnvolle Regelungen und gemeinsam vereinbarte Belohnungen und Strafen verhindert werden. Für diesen Nachweis hat Professor Ostrom 2009 den Wirtschaftsnobelpreis erhalten.

**Miersch:** Wäre eine völlige Privatisierung nicht der einfachere Weg?

**Baldus:** Im Grundsatz ja. Privates Eigentum und interessenorientiertes Wirtschaften in einem marktwirtschaftlichen System bringt die besten Ergebnisse. Das gilt einzelwirtschaftlich und auch für die Gesamtheit. Dass das auch für das Bewirtschaften von Wildtieren gilt, sieht man eindrucksvoll am Beispiel Südafrika. Dort ist wie in kaum einem anderen Land der einst unvorstellbare Wildreichtum mit riesigen Migrationen an den Rand der völligen Ausrottung gebracht worden. Wildtiere galten dort früher nur als Kostenfaktor. Das letzte wilde Quagga-Zebra war um 1870 geschossen worden und auch andere Arten standen am Rand der Ausrottung. Wenn in den 60er Jahren des 20. Jahrhunderts eine Farm verkauft wurde, hat man gerne damit geworben, dass es auf dem Land „geen Wild" (Anm. d. Hrsg: niederländisch für „kein Wild") gab. Sogar von den einst unzähligen Blessböcken existierten bloß noch 2.000 Stück. 1960 gab es in ganz Südafrika nur drei Wildfarmen und Jagdtourismus war unbekannt. Das änderte sich ganz schnell, als neue Gesetze dafür sorgten, dass Wildtiere auf Farmland nicht mehr dem Staat, sondern dem Landbesitzer gehörten. Die Farmer merkten, dass sie mit der Jagd bares Geld verdienen konnten. Mittlerweile sind dadurch über 9.000 Wildfarmen entstanden. Insgesamt sind diese Wildfarmen 17 Millionen

Hektar groß. Also eine Fläche, die fast dreimal so groß ist, wie alle Nationalparks und staatlichen Schutzgebiete des Landes zusammen.

In den letzten hundert Jahren hat es in Südafrika nie so viele Wildtiere gegeben, wie heute. Es gab bloß noch 30 Breitmaulnashörner – heute sind es 12.000. Das Kap-Bergzebra hat sich von elf auf 1.200 Exemplare entwickelt. Der Bontebock von 34 auf 7.000 Exemplare und das Weißschwanzgnu von 17 auf 22.000. Wenn man das mit der Entwicklung in Kenia vergleicht, wo die Jagd seit über 30 Jahren verboten ist und gleichzeitig die Wildbestände um drei Viertel zurückgingen: Dann muss man kein Mathematiker sein, um sich ein richtiges Urteil zu fällen.

**Miersch:** Ist Privatisierung ein Allheilmittel?

**Baldus:** Nein. Denn man muss dabei bedenken, dass privatisierte Wildwirtschaft nur auf privatem Grundbesitz und auf großen Flächen funktioniert. Im ländlichen Afrika sind das Bodenrecht und die soziale Situation aber meist ganz anders. Hier muss man mit Gruppenbesitz arbeiten. Dort gelten Wildtiere faktisch als öffentliches Gut, sodass man niemanden von der Nutzung ausschließen kann. Jeder weiß: Wenn ich auf die Nutzung verzichte, dann kommt das nicht der Tierart zugute. Sondern nur anderen Jägern, weil dann eben die sich das Wild holen. Das Ergebnis ist eine Übernutzung und schließlich die Zerstörung der Ressource. Man bezeichnet das als die „Tragik der Allmende".*

Deshalb steht heute bei den Schutzbemühungen zur Erhaltung der Wildtiere, oder auch der öffentlichen Wälder, in Entwicklungsländern im Mittelpunkt, dass die Bewirtschaftung an Gemeinden oder Nutzergruppen übertragen wird. Wenn man den Kleinbauern vor Ort die Eigentums- oder Nutzungsrechte an den natürlichen Ressourcen gibt, entsteht ein ökonomischer Anreiz, damit die Menschen die Natur erhalten. Das Wild lebt zwar immer noch auf der Allmende. Aber durch das Eigeninteresse der Nutzer und durch entsprechende Absprachen wird der bislang freie Zugang eingeschränkt.

Es hat sich gezeigt, dass Jagdtourismus, der unmittelbar den Dorfgemeinschaften zugute kommt, die beste und wirtschaftlich rentabelste Form der kommunalen Wildnutzung ist. Und dass dabei gleichzeitig die Natur geschont wird.

Ich habe ja vorhin schon die Nobelpreisträgerin Ostrom erwähnt. Sie ist dafür ausgezeichnet worden, dass sie das analysiert und theoretisch begründet hat, was unter anderem wir vor zwanzig Jahren in Tansania auf den Weg gebracht haben.

**Miersch:** Gab es Vorbilder für Ihr Konzept?

**Baldus:** In Afrika haben wir uns an den Erfahrungen des CAMPFIRE-Programms in Simbabwe orientiert. Später kamen dann ähnliche Programme in Botswana und Namibia hinzu. Ich selbst habe mich auch von meinen persönlichen Erfahrungen in Deutschland leiten lassen. Bei mir zu Hause im Westerwald bewirtschaften die kleinen Landbesitzer – wie überall im deutschen Rechtskreis – das Wild in Jagdgenossenschaften. In meiner Region wird sogar die Waldnutzung traditionell gemeinschaftlich organisiert.

**Miersch:** Wie haben die Naturschutzorganisationen darauf reagiert, dass die Finanzierung des Reservats ausgerechnet durch Jagdtourismus ermöglicht wurde?

**Baldus:** Der solide, wissenschaftlich orientierte Naturschutz tritt selbst für die Inwertsetzung von natürlichen Ressourcen ein. Das gilt für Wälder genauso wie für Wildtiere. Deshalb wird im Naturschutz die Jagd seit langem akzeptiert. Doch nicht jede Organisation setzt diese Erkenntnisfähigkeit aber auch bei ihren Spendern voraus. Man ist deshalb zurückhaltend, die Jagd in eigenen Projekten auch als Instrument einzusetzen oder die Haltung „Pro Jagdtourismus" allzu öffentlich zu demonstrieren. Spendengelder eintreiben kann man eben am besten mit den süßen Augen von Robbenbabies und tränenreichen Aufrufen zur Rettung von Elefant, Tiger, Eisbär & Co.

Ganz anders ist es bei den Tierschutzorganisationen und den Tierrechtlern. Sie bekämpfen die nachhaltige Nutzung mit allen Mitteln. Ihnen geht es dabei aber nicht um Naturschutz und die Erhaltung von Biodiversität. Ihnen geht es bestenfalls um das Leben eines individuellen Tieres. Im schlechtesten Fall – und das heißt leider im Regelfall – um Ideologie und das Einsammeln von Spendengeldern.

Die lautstarken Tierschutzorganisationen zeichnen sich ja eben nicht durch Rationalität und Faktennähe aus. Auf der CITES-Generalversammlung in Nairobi kam die Vertreterin eines afrikanischen Landes zu mir und sagte, die Leiterin der deutschen Delegation, damals eine Staatssekretärin von den Grünen, setze sie wegen der Jagd so sehr unter Druck. Dabei sei die Jagd in ihrem Land nachhaltig und habe einen wesentlichen Anstieg der Wildbestände zur Folge gehabt. Die Frau fragte mich, wie wir es denn in Deutschland mit der Jagd halten würden. Als ich ihr sagte, dass bei uns jedes Jahr über 1,5 Millionen Stück Rehe, Hirsche und Wildschweine geschossen würden und dass dies vielen noch zu wenig sei, da verstand sie die Welt nicht mehr und sprach verständlicherweise von Doppelmoral. Und ich finde, da hat sie Recht. Wir haben da doch wirklich eine sehr widersprüchliche Situation: In Deutschland sagt der Naturschutz, dass ein gesunder Wald höchstens etwa drei Stück Rotwild oder zehn Rehe pro hundert Hektar verträgt. Also muss heftig gejagt werden, damit dieses Verhältnis erhalten bleibt oder erreicht wird. Im Selous hatten wir auf der gleichen Fläche einen Elefanten, einen Büffel, vier große und ein paar kleine Antilopen. Alle fressen Gras und Bäume. Und dann sagt man den Afrikanern, sie dürften ihr Wild nicht bejagen! Diese Logik verstehe ich nicht – und so eine Logik versteht man in Afrika auch nicht.

Darum muss man andere Wege gehen. Wer heute eine nachhaltige Nutzung von Wildtieren erreichen will, mit Jagdtourismus und Trophäenjagd als ökonomischen Ansatz von Naturschutz: Der steht auf einem ganz soliden Fundament, nämlich auf dem der wichtigsten internationalen Konvention zum Naturschutz. Es gab lange Zeit es eine künstliche Differenz zwischen Schützern und Nutzern. Jetzt steht durch einen internationalen, rechtlich verbindlichen Vertrag, nämlich die von 187 Staaten ratifizierte CBD-Konvention, fest: Die nachhaltige Nutzung ist eine wesentliche Voraussetzung für den Erhalt und den Schutz der Natur.

**Miersch:** Warum bestehen so viele Naturfreunde trotzdem darauf, dass die Natur unbedingt aus ideellen Motiven geschützt werden soll?

**Baldus:** Also lassen wir mal die unbelehrbaren Ideologen außen vor und reden wir über diejenigen, die in guter Absicht reine Schützer sind. Ich denke, viele von denen würden anders reden, wenn sie die Fakten wüssten. Wenn ich das Konzept „use it or lose it", also Schutz durch Nutzung, am praktischen Beispiel erläutert habe, bekam ich immer viel Zustimmung. Und zwar auch von Leuten, die von Afrika und vom Wild dort wenig wissen. Die Fakten überzeugen. Dazu muss man kein Wissenschaftler sein. Normaler Menschenverstand genügt.

Vor allem aber: Die Leute, die so reden, sind doch selbst gar nicht betroffen. Wunderbar lässt sich der Totalschutz propagieren, wenn man in Frankfurt oder Hamburg lebt und wilde Tiere nur bei gelegentlichen Urlauben vom Minibus aus fotografiert. Wenn man aber jeden Tag mit großen Tieren zusammenleben muss, dann sieht die Welt ganz anders aus. Wissen Sie, die Leute vor Ort haben sich nie die Frage gestellt, ob man Wild wegen seiner intrinsischen Werte schützen sollte – oder ob man es erfolgreicher schützt, wenn man es ganz pragmatisch in Wert setzt. Für afrikanische Dorfbewohner in wildreichen Gegenden bedeuten wilde Tiere vor allem Probleme und Kosten: Elefanten zerstören die Ernte, Büffel und Antilopen sind Weidekonkurrenten und Löwen und Krokodile fressen Familienmitglieder auf. Und dann wird diesen Menschen auch noch verboten, das Wild zu nutzen und die Einnahmen daran werden ihnen vorenthalten. Wenn man am Existenzminimum lebt, dann hat man keine ideellen Motive zum Naturschutz. Einen Büffel sieht man am liebsten im Kochtopf, und im Extremfall zeigt man seine Haltung, indem man als „Revanche" die Löwen vergiftet und die Elefanten mit Speeren in einen Igel verwandelt. So etwas ist in Kenia in den letzten Jahren allzu oft passiert.

**Miersch:** Hat ein rein ideeller Naturschutz in armen Entwicklungsländern überhaupt eine Chance?

**Baldus:** Die Fakten sprechen für sich. Darum ist meine Antwort dazu ist ein klares Nein.

**Miersch:** Wo versagen ökonomische Anreize? Wo geht es nicht ohne staatlichen Zwang?

**Baldus:** Wenn man ökonomische Anreize schaffen will, dann gelingt einem das nur innerhalb eines rechtsstaatlichen Systems. Man braucht rechtliche Rahmenbedingungen. Und vor allem müssen diese Gesetze aber auch angewendet werden. Und das ist in Afrika aufgrund der Korruption schwierig genug.

Die kommunale Wildbewirtschaftung mit ihrem System der Anreize und sozialer Kontrollen ist gut. Aber sie kann keine effektive Wildereibekämpfung ersetzen. Man braucht beides zugleich.

**Miersch:** Die Natur steht in Afrika überall unter Druck. Glauben Sie, dass die von Ihnen geschilderten Instrumente und Verfahren das Wild auf Dauer erhalten können?

**Baldus:** Dass ökonomische Anreize beim Wildschutz funktionieren, dass Jagd helfen kann, um Schutzgebiete zu erhalten und die Biodiversität zu bewahren, dass die Menschen vor Ort sich Richtung nachhaltiger Nutzung ihrer natürlichen Ressourcen bewegen, wenn sie sich davon ökonomische Vorteile versprechen – und nur dann: Alle diese Hypothesen haben wir während unserer Arbeit in Tansania bewiesen. Und wir haben leider auch gesehen, dass die Gier der einheimischen Eliten das alles auch verhindern und zunichtemachen kann. Korruption setzt Marktmechanismen außer Kraft und verhindert, dass Wild zum Marktwert genutzt wird und dies als Anreiz zur langfristigen Erhaltung dient. Afrika muss selbst entscheiden, ob es seine Wildtiere und Naturgebiete auf Dauer erhalten will. Und dann muss es entsprechend handeln.

Im Moment haben wir im Süden und Osten Afrikas reichliche Wildbestände. Doch ich kann Ihnen nicht vorhersagen, ob die Kombination von klassischem Naturschutz, nachhaltiger Trophäenjagd, marktwirtschaftlichen Mechanismen und dörflichem Wildschutz diese reichen Bestände auf Dauer erhalten kann. Nur eins weiß ich: Ohne eine nachhaltige Nutzung und ohne die Beteiligung der Menschen vor Ort haben wir keine Chance. Wenn wir allein auf „fences and fines" (Zäune und Strafen) setzen, dann haben wir in 30 Jahren afrikanische Wildtiere nur noch im Zoo und vielleicht in ein paar Nationalparks.

\* Als Allmende wurde früher eine Dorfweide bezeichnet, auf der alle Bauern ihr Vieh grasen lassen konnten. Als Folge davon wurden diese Wiesen völlig überweidet. Denn um nicht von den anderen übervorteilt zu werden, nutzte der einzelne Bauer dieses Gemeinschaftsgut zu stark aus. Jeder schickte mehr Vieh auf dieses Grasland, als nachhaltig gewesen wäre. In der Wirtschaft wird dieses Dilemma auch als „tragedy of the commons" bezeichnet.

**Mehr über das Selous-Reservat erfahren Sie in:**

Wild Heart of Africa,
von Rolf D. Baldus (Hrsg.)
Rowland Ward Publishers, Johannesburg 2009
288 Seiten mit Farbbildern, 65 Euro
(erhältlich über www.wildlife-Baldus.com)

# Freie Märkte, Eigentumsrechte und Klimawandel: Wege zur Privatisierung der Klimapolitik

**Graham Dawson**

## Einleitung

Kurz bevor die industrielle Revolution ihren Lauf nahm, stellte der englische Philosoph John Locke eine Eigentumstheorie vor, die das aufkommende kapitalistische System widerspiegelte. Diese Theorie wurde oft so verstanden, als würden wir, die Menschheit, an der Grenze zur Natur leben und auf eine Fülle von Ressourcen in einer noch unberührten und herrenlosen Wildnis blicken. In den 1960er Jahren traf Kenneth Boulding, ein in Liverpool geborener Ökonom, der seine berufliche Laufbahn vorrangig in den USA verbrachte, die ökologische Sorgenstimmung auf den Punkt, indem er diesen Ansatz als die „Cowboy Economy" bezeichnete. Dem stellte er das Konzept des „Spaceship Earth" gegenüber, des in einem indifferenten Universum umher fliegenden Raumschiffs Erde mit der Menschheit als seinen Astronauten, deren Leben von der fragilen Atmosphäre und den erschöpften Ressourcen eines kleinen Planeten abhängt. Wird dieses Raumschiff Erde eines Tages eine neue Zuflucht finden oder letztlich im All verglühen?

Pessimisten vergleichen die Menschheit mit Ikarus, dem jungen Mann aus der klassischen griechischen Mythologie, dessen Ehrgeiz die ihm zur Verfügung stehende Technologie überflügelte. Ikarus erhob sich mit den von seinem Vater Dädalus für ihn angefertigten Flügeln in die Lüfte, doch als er auf seinem Flug der Sonne zu nahe kam, schmolz das Wachs, das die Flügel zusammenhielt, und er stürzte, wie in Brueghels berühmtem Gemälde Landschaft mit Sturz des Ikarus dargestellt, hilflos ins Meer.

Viele Anhänger der Theorie der Anthropogenen Globalen Erwärmung (AGE) würden das Schicksal von Ikarus wohl als Vorboten des Schicksals der Menschheit betrachten. Und in der Tat: Gelingt es nicht, die Treibhausgas-Emissionen weit genug einzudämmen, um die AGE auf ein Maß zu begrenzen, das kein Risiko für einen gefährlichen Klimawandel in sich birgt, werden unsere Flügel schmelzen. Daraus leitet sich die Notwendigkeit für eine staatliche Intervention in die Markttätigkeit ab, um das Eintreten einer solchen Katastrophe zu verhindern. Dabei gilt zweierlei: Die Folgen der AGE könnten das Recht der Menschen auf Leben, Freiheit und das Streben nach Glück einschränken, beispielsweise durch Überschwemmung ihres Grund und Bodens. Und: Pflicht der Regierungen ist es, diese Rechte zu schützen.

Diese Pflicht darf jedoch aus mehrerlei Gründen nicht in einer Regulierung von Marktprozessen durch den Staat münden. Zunächst einmal beruht eine solche Politik auf der orthodoxen bzw. neoklassischen ökonomischen Annahme, es handele sich bei der AGE um eine Form des Marktversagens, genauer gesagt, um das „größte Marktversagen, das die Welt je gesehen hat" (Stern, 2007, S. 27). Denn nach Auffassung österreichischer Ökonomen[27] und libertärer politischer Philosophen haben nicht die Märkte versagt, sondern die Regierungen in ihrer Aufgabe, Eigentumsrechte zuzuweisen. Zweitens handelt es sich bei der AGE-Hypothese keineswegs um das größte Marktversagen, sondern vermutlich eher um die größte moralische Panik, die die Welt je gesehen hat. Für die aktuelle politische Rhetorik gibt es in der Klimawissenschaft keine gesicherte Grundlage; den Regierungen fehlt es einfach am nötigen Wissen für eine wirksame Klimapolitik. Alle bestehenden klimapolitischen Instrumente wie Steuern, Beihilfen, Regulierungen und der Emissionshandel sollten daher abgeschafft werden.

Ziel dieses Beitrags ist es, einen Vorschlag für einen klimapolitischen Ansatz nach den Prinzipien der Österreichischen Schule der Nationalökonomie vorzulegen. Ein solcher Ansatz ist notwendig, da es der dominierende neoklassische Rahmen nicht vermag, Eigentumsrechte angemessen zu verteidigen und eine sichere politische Wissensgrundlage zu schaffen. Angenommen, die durchschnittliche globale Oberflächentemperatur würde infolge der AGE ansteigen und die

---

27 Mit austrian – österreichisch wird eine Lehrmeinung der Volkswirtschaftslehre bezeichnet. Ursprünglich auf Carl Menger, Eugen Böhm-Bawerk, Friedrich von Hayek und Ludwig von Mises zurückgehend wurde das marktliberale Theoriegebäude später vor allem von Murray Rothbart in den USA aufgegriffen, weiter entwickelt und popularisiert.

Folgen eines solchen Anstiegs würden das Recht der Menschen bedrohen, ein selbstbestimmtes Leben in Freiheit und Glück zu führen. In diesem Fall wären politische Maßnahmen erforderlich, um die Rechte der Menschen durch eine Eindämmung der Kohlenstoffemissionen zu schützen.

Doch steigt die durchschnittliche globale Oberflächentemperatur infolge der AGE tatsächlich? Das Erdklima unterliegt seit jeher Veränderungen, die durch natürliche Faktoren hervorgerufen werden, auf die die Politik keinen Einfluss hat. Die einzig sinnvolle Klimapolitik ist daher die Anpassung. Wir wissen nicht, ob die klimapolitischen Instrumente hilfreich sind, weshalb ich der Meinung bin, dass sie ausgesetzt werden sollten. Ich glaube außerdem, dass sich aus den Erkenntnissen der Österreichischen Ökonomie eine Politik ableiten lässt, die für Fortschritte in der Klimawissenschaft von Nutzen sein und möglicherweise verlässliche Kenntnisse über das angenommene Vorliegen einer anthropogenen globalen Erwärmung bieten könnte.

Die erste Aufgabe dieses Beitrags besteht daher darin zu verdeutlichen, dass die beiden aktuell gern herangezogenen klimapolitischen Instrumente – Steuern und Emissionshandel – abgeschafft werden sollten. Abschnitt 2 setzt sich mit der den Steuern und dem Emissionshandel zugrundeliegenden ökonomischen Lehre der neoklassischen und der Coase'schen Schule sowie dem österreichischen umweltökonomischen Ansatz auseinander, der die Grundlage für den privatrechtlichen Lösungsansatz bildet, für den weiter unten in diesem Beitrag plädiert wird. Abschnitt 3 geht von der Prämisse aus, die Politik beruhe auf einer sicheren Wissensgrundlage und die AGE-Hypothese sei erwiesen, und führt aus, dass Steuern und der Emissionshandel selbst unter diesen Umständen auf unüberwindbare Schwierigkeiten stoßen und ihr Einsatz kaum zu einer wirksamen Klimapolitik beiträgt. Die anschließende Diskussion in Abschnitt 4 geht ebenfalls von der Annahme aus, die AGE-Hypothese sei erwiesen und untersucht die Klimadebatte mit dem Ergebnis, dass die Klimawissenschaft nicht in der Lage ist, die aktuelle Politik auf eine gesicherte Wissensgrundlage zu stellen.

Abschnitt 5 setzt sich mit der österreichischen Alternative zu der derzeit verfolgten Politik und damit dem zweiten Ziel dieses Beitrages auseinander. Der österreichische Denkansatz betrachtet den Klimawandel vielmehr als einen angenommenen Konflikt zwischen einzelnen Personen, denn als Marktversagen. Die Nutzung fossiler Brennstoffe sollte demnach wie jede andere wirtschaftliche Aktivität Nebenbedingungen unterliegen, deren Ziel es ist, die Eigentumsrechte anderer zu schützen. An die Stelle von Steuern und Emissionshandel träte eine auf dem Grundsatz der Gefährdungshaftung beruhende haftungsrechtliche Klärung von Streitfragen vor Gericht. Durch die Schaffung eines öffentlichen Forums für die Prüfung wissenschaftlicher Hypothesen über die Ursachen des Klimawandels könnten Gerichtsverfahren dem öffentlichen Verständnis und sogar dem Fortschritt der Klimawissenschaft zuträglich sein. Ziel ist die Formulierung einer Strategie, die die Freiheiten aller

Betroffenen so weit wie möglich schützt – der Nutzer fossiler Brennstoffe wie auch derjenigen, deren Existenz und Lebensraum in Gefahr ist, sollte sich die AGE-Hypothese als wahr erweisen.

**Ökonomische Ansätze in Bezug auf die Umweltproblematik**

Ziel dieses Abschnitts ist die Beschreibung dreier marktbasierter ökonomischer Rahmenmodelle zur Analyse ökologischer Fragen, denen allen die liberale politische Philosophie zugrunde liegt.

Die liberalen Grundlagen der ökonomischen Analyse

Zentraler liberaler Grundsatz ist der Schutz des Individuums vor Zwang durch die gesellschaftlichen Gruppierungen, denen es angehört, durch die Abgrenzung eines privaten Bereichs, innerhalb dessen es sich nach Belieben und ohne Einflussnahme der restlichen Gesellschaft entfalten kann. Diese Vorrangstellung der Rechte des Individuums erwuchs aus der Anerkennung der Vielfalt existierender Meinungen, religiöser Glaubensrichtungen, ethischer Grundsätze, ethnischer und kultureller Identitäten, sexueller Orientierungen, ökonomischer Rollen, Talente, Fähigkeiten, Geschmäcker und Vorlieben. Doch wie soll der Staat mit dieser Vielfalt umgehen? Die liberale Antwort auf diese Frage lautet, dass die Verfassung und die Gesetze des Staates das Verschiedenartige, den Glauben, die Identitäten und die gesellschaftliche und wirtschaftliche Situation tolerieren sollten. Dem Staat kommt mit der Schaffung von Verfahren, die verschiedenen Menschengruppen einen Rahmen für ihr Zusammenleben in gegenseitiger Achtung ihres Rechts darauf verleihen, ihren eigenen Lebensweg zu verfolgen, eine zwar wesentliche, aber doch begrenzte Rolle zu. Diese Verfahren müssen gegenüber den einzelnen gesellschaftlichen Gruppen oder Lebensformen neutral bzw. unparteiisch sein. Einige liberale Theoretiker haben eine Verwandtschaft zwischen einem neutralen Staat und einem freien bzw. von Wettbewerb geprägten Markt erkannt, der als unparteiischer Schauplatz für die Vereinbarung konkurrierender Forderungen in Bezug auf wirtschaftliche Ressourcen ausgelegt wurde. Die Grundsätze des Liberalismus gelten für die Wirtschaft ebenso wie für die Politik. Das umfasst die Vielfalt der Verbraucherwünsche, die keine eindeutige Antwort auf die Frage zulässt, was produziert werden soll. Das umfasst auch die Autonomie jedes einzelnen Produzenten und Verbrauchers, selbst zu entscheiden, was er kaufen bzw. verkaufen möchte. Und das umfasst die liberale Neutralität. Denn ohne zentrale Autorität, die die Menschen beauftragt, bestimmte Güter in einer bestimmten Reihenfolge zu produzieren, wird keines der produzierten Güter eine Quelle der Verbrauchernachfrage gegenüber einer anderen bevorzugen.

## Neoklassische Umweltökonomie

Marktversagen liegt insofern eine Wohlfahrtsmaximierung zugrunde, als dass es zu einem Marktversagen kommt, wenn es den Märkten nicht gelingt, die Wohlfahrt zu maximieren, d. h. wenn es ihnen nicht gelingt herauszufinden, auf welchem Output-Niveau (kohlenstoffintensiver Güter) sich Grenznutzen und soziale Grenzkosten im Gleichgewicht befinden. Die neoklassische Ökonomie entwickelte sich aus der klassischen liberalen politischen Denktradition des 19. Jahrhunderts und war durch die damaligen physikalischen Kenntnisse geprägt. Die Nähe zur Physik erwies sich jedoch als mit der Verteidigung der individuellen Freiheit unvereinbar. Meiner Ansicht nach hat der Einfluss der Physik das klassische liberale Erbe überrannt und die neoklassische Umweltökonomie in das Instrument eines übermächtigen Staates verwandelt.

Die Stärke, die das klassische liberale Erbe der neoklassischen Umweltökonomie verleiht, liegt in dem Versuch, die Ziele und Interessen von Produzenten und Verbrauchern, deren Verhalten die Umwelt schädigt, mit denen der menschlichen und ggf. nicht-menschlichen Opfer dieser Umweltzerstörung ins Gleichgewicht zu bringen. Dieser Versuch von Neutralität unterscheidet die neoklassische Umweltökonomie von einem autoritären Ökologismus, der der Vermeidung ökologischer Schäden unabhängig von den Folgen für Produktion und Konsum einen absoluten Wert beimisst. Die Versuchung für autoritäre Ökologisten, dem Glauben zu unterliegen, Verschmutzung sei ein ökonomisches Übel und müsse damit möglichst auf null gesenkt werden, ist groß. Weshalb sollte für etwas, das dem Wohlergehen der Menschen schadet, etwas anderes als das Nulltoleranzprinzip gelten? Die neoklassische Antwort auf diese Frage lautet, dass Verschmutzung insofern erwünscht ist, als sie ein unvermeidbarer Nebeneffekt der Produktion von Dingen ist, auf die wir nicht verzichten wollen. Solange keine technologische Entwicklung absehbar ist, in der Produktion und Kohlenstoffemissionen nicht mehr aneinander gekoppelt sind, besteht die zweitbeste Lösung darin, den Produktionsstand von Waren und Dienstleistungen zu senken, in der Hoffnung, die Vorteile der Produktion von Waren und Dienstleistungen und den durch die Verursachung von Kohlenstoffemissionen entstehenden Schaden miteinander ins Gleichgewicht zu bringen. Diese Betrachtungsweise der Verschmutzungsthematik spiegelt die Ursprünge der neoklassischen Ökonomie in liberaler Neutralität wider. Dabei geht es nicht darum, Partei für oder gegen den Verursacher oder das Opfer von Verschmutzung zu ergreifen, sondern darum, Verfahren zu entwickeln, die es ihnen ermöglichen zusammenzuleben, ohne sich gegenseitig allzu großen Schaden zuzufügen.

Der Einfluss der Gleichgewichtsmodelle aus der Physik und die Auslegung der damit verbundenen Suche nach präziser Quantifizierung und Messung untergraben jedoch die liberalen Ziele der neoklassischen Umweltökonomie. Die neoklassische ökonomische Analyse hat sich davon abgewandt, den von Einzelnen verursachten Schaden darüber zu definieren, anderen das Recht abzusprechen, weiterhin eine saubere Umwelt nutzen zu können. Das Gleichgewichtsmodell geht von der Existenz eines optimalen Verschmutzungsniveaus für die Gesellschaft aus, das durch Gegenüberstellung des angenommenen finanziellen Gegenwerts der externen Kosten wirtschaftlicher Aktivität und des finanziellen Gegenwerts des Nutzens dieser Aktivität ermittelt wird.

Die Freiheit des Einzelnen, zu produzieren und zu konsumieren, ist auf die Höhe des berechneten Nettowerts der Aktivität für die „Gesellschaft" beschränkt. Bei dieser methodischen Strategie handelt es sich um eine Gesamtanalyse, die zur Ausübung von Zwang auf die Minderheit oder das Individuum durch die Mehrheit führt. Insofern hat die neoklassische Umweltökonomie dadurch, dass sie dem Staat zu einem Grund verholfen hat, bei der Beschneidung der individuellen Freiheit eine repressive Rolle einzunehmen, ihren klassischen liberalen Vorgänger verraten.

Die ökonomische Analyse nach Coase

Ronald Coase (Coase, 1960) entwickelte eine theoretische Analyse von Umweltproblemen oder negativen Externalitäten, die mit der neoklassischen Ökonomie zwar die Annahme konkurrierender Märkte teilt, daraus jedoch radikal andere Schlüsse zieht. Das Problem der Umweltschädigung ist keine Frage des Marktversagens, sondern ergibt sich aus einem Versagen der Regierung bei der Definition und

Allokation von Eigentumsrechten. Mit der staatlichen Definition und Allokation von Eigentumsrechten werden diese grundsätzlich handelbar, und Streitigkeiten können durch Verhandlungen und den Austausch von Eigentumsrechten ohne staatliche Regulierung oder Intervention in Marktprozesse beigelegt werden. Die Ergänzung „grundsätzlich" ist dabei erforderlich, da für Verhandlungen die weitere Annahme der Transaktionskostenfreiheit Voraussetzung ist.

Nehmen wir das Beispiel von Coase, in dem die negative Externalität dem Schaden entspricht, den ein Getreidebauer dadurch erleidet, dass das Vieh eines Viehzüchters sich seine Ernte einverleibt. Aus neoklassischer Perspektive liegt die Lösung darin, die gesellschaftlichen Kosten der Viehproduktion, die sich aus den privaten Produktionskosten zuzüglich der externen Kosten in Form des Ernteschadens ergeben, abzuschätzen und dem gesellschaftlichen Nutzen der Viehproduktion gegenüberzustellen. Die Viehzucht müsste so weit eingeschränkt werden, bis ihre gesellschaftlichen (Marginal- bzw. Grenz-) Kosten ihrem gesellschaftlichen (Marginal- bzw. Grenz-) Nutzen entsprechen. Hierfür ist ein staatliches Eingreifen in produktive Prozesse durch Steuern oder eine andere Form der Regulierung erforderlich.

Im Gegensatz dazu kann eine Lösung nach der Theorie von Coase im Wege der freien Verhandlung unter privaten Individuen erfolgen. Die erste Frage, die Coase stellt, lautet, ob Eigentumsrechte definiert wurden. Gehen wir davon aus, dies ist der Fall. Die zweite Frage lautet daraufhin, ob Verhandlungen aufgrund irgendeines Umstands behindert werden, d. h. ob Transaktionskosten vorliegen. Nehmen wir an, es herrscht Transaktionskostenfreiheit. In dieser Situation können die Streitparteien, bzw. in dem von Coase verwendeten Beispiel der Getreidebauer und der Viehzüchter, so lange verhandeln, bis eine effiziente Einigung erzielt ist. Im Ergebnis steht eine Pareto-Effizienz, eine Situation, in der es unmöglich ist, eine Partei zu bevorzugen, ohne die andere dabei zu benachteiligen. Im Rahmen der Verhandlung werden dabei so lange Eigentumsrechte ausgetauscht, bis ein effizientes Ergebnis erreicht ist. Der springende Punkt in diesem Prozess ist der, dass der freie Markt bzw. der Preismechanismus im Falle des Austauschs von Eigentumsrechten ebenso funktioniert wie im Falle des Austauschs von Waren oder Dienstleistungen. In dem von Coase gewählten Beispiel verhandeln der Getreidebauer und der Viehzüchter so lange, bis das maximale Wohl beider erreicht ist. Entweder der Getreidebauer verkauft sein Recht, auf dem Land bzw. auf einem Teil des Landes Getreide anzubauen, oder der Viehzüchter verkauft sein Recht darauf, sein Vieh unkontrolliert auf dem Ackerland umherziehen zu lassen.

Beide Beteiligten befinden sich in demselben Dilemma, was zunächst befremdlich erscheinen mag. Was, wenn einer der beiden jahrzehntelang auf seinem Land Getreide anbaut, nur um dann zu erfahren, dass das an seines angrenzende Land, das bislang herrenlos war, in Besitz genommen und darauf eine Viehzucht eingerichtet wird? Oder wenn umgekehrt der Viehzüchter, der seine Tiere jahrzehntelang frei über herrenloses Land ziehen ließ, feststellt, dass dieses in Besitz genommen und darauf Getreide angebaut wird? Sollte der Vorrang von Eigentum und Gewohnheit nicht auch einen gewissen Wert haben? Das Unbehagen, das mit der Verhandlungslösung nach Coase möglicherweise einhergeht, ist letztlich eine Frage der Ethik. Der Vorrang von Eigentum und Gewohnheit, anders formuliert der Vorrang bei der Definition und Allokation von Eigentumsrechten impliziert, dass einer der beiden Beteiligten der Verursacher der externen Kosten und der andere das Opfer ist, dass also einer das Problem verursacht und ein anderer darunter zu leiden hat. Coase vertritt jedoch die Position, dass das Dilemma beiderseitig ist; beide sind Beteiligte in einem wechselseitigen Konflikt über die Nutzung von Ressourcen, keiner von beiden trägt mehr Schuld als der andere oder hat einen höheren Anspruch auf Wiedergutmachung. Ohne danach zu fragen, wer zuerst da war, tauschen sie so lange Eigentumsrechte aus, bis eine effiziente Einigung erzielt ist.

Die österreichische Umweltökonomie

In genau diesem Punkt stimmen die Österreicher nicht mit der Position von Coase überein. Was die Anhänger der österreichischen Schule und die Anhänger von Coase jedoch teilen ist die Einsicht, dass es nicht die Märkte sind, die versagt haben, sondern die Regierungen, indem sie es versäumt haben, Eigentumsrechte zuzuweisen. Bei beiden theoretischen Perspektiven handelt es sich um Beiträge zu einem „Free-Market-Environmentalism", einem Ökologismus der freien Märkte, der ökologische Probleme als interpersonelle Konflikte betrachtet, denen nicht durch die Bekämpfung von Marktversagen durch staatliche Eingriffe in Marktprozesse, sondern vielmehr durch die Allokation und Verteidigung von Eigentumsrechten beizukommen ist (Anderson und Leal, 2001).

Zwei zentrale Grundsätze der österreichischen Ökonomie sind, dass Wettbewerb ein dynamischer Prozess ist und dass Kosten subjektiv sind. Aus neoklassischer Perspektive werden Verbraucherpräferenzen und Ressourcen als gegeben vorausgesetzt und die regulierende oder ausgleichende Funktion des Marktes ist eine rein technische Prozedur, die ebenso gut von einer allwissenden und wohlwollenden zentralen Planungsagentur vorgenommen werden könnte. Aus österreichischer Perspektive hingegen leistet der Markt noch etwas anderes, das eine allwissende und wohlwollende zentrale Planungsagentur nicht leisten könnte. Grundlegend innovative Verbrauchsgüter müssen, wenn sie erfolgreich sein sollen, mehr leisten, als nur eine zuvor (durch Verbraucherpräferenzen) festgelegte Spezifikation erfüllen. Nehmen wir einmal an, ich würde eine umfassende Liste der Funktionen erstellen, die ich von einem Auto erwarte, so wäre ich dennoch nicht in der Lage, etwas zu konzipieren, das meiner Spezifikation in solch einzigartiger und unerwarteter Weise entspricht, wie es zum Beispiel der VW Scirocco tut. Wäre ich es, wäre ich von Beruf Autodesigner. Wettbewerb ist ein dynamischer, kreativer Prozess, der dazu dient, den Markt mit neuen Produkten zu versorgen, ein Prozess, der weit von einem Gleichgewicht kompetitiver Märkte gemäß der neoklassischen Ökonomie entfernt ist.

Ein weiterer Faktor, der die neoklassische Externalitätenanalyse untergräbt, ist die Subjektivität der Kosten. Kosten sind insofern subjektiv, als dass sie ausschließlich in den Köpfen jedes Einzelnen existieren und von niemand anderem gemessen werden können. Der Versuch einer objektiven Einschätzung der Höhe des einem Opfer von Umweltverschmutzungen entstandenen Schadens ist daher vergebens. Die ökonomischen Kräfte, die die externen Produktionskosten tragen, sind an der „Bemessung" dieser Kosten nicht beteiligt. Die österreichischen Ökonomen lehnen die neoklassische Strategie der Suche nach einem Marktgleichgewicht, in dem sich sozialer Grenznutzen und soziale Grenzkosten die Waage halten, daher mit der Begründung ab, dass sich Märkte nie im Gleichgewicht befinden und Kosten immer subjektiv sind.

Bei der Analyse des Klimawandels greift der österreichische Ansatz auf einen praxeologischen Rahmen zurück, was bedeutet, dass das Individuum, das Ressourcen verwendet, um seine Ziele zu erreichen, den Ausgangspunkt der Überlegungen bildet. Grundlage hierfür bildet ein alternativer Rahmen für die Formulierung einer AGE-Politik, der auf einem österreichischen umweltökonomischen Ansatz beruht (Cordato, 2004) und mit einer libertären politischen Philosophie begründet wird (Nozick, 1974). Der Klimawandel ist ein Beispiel eines interpersonellen Konflikts über die

Nutzung von Ressourcen, da manche Menschen die Atmosphäre als Kohlenstoffsenke verwenden und den Klimawandel befördern und andere Menschen damit beispielsweise der Möglichkeit berauben, sich auf ein unverändertes Klima als Ressource für den Getreideanbau in bestimmten Landstrichen verlassen zu können. Eine wirtschaftliche Aktivität, die $CO_2$-Emissionen verursacht, könnte ohne von den bestehenden politischen Instrumenten daran gehindert zu werden fortgeführt werden, unterläge jedoch Nebenbedingungen, die darauf abzielen, Schaden von anderen abzuwenden. Die Entscheidung darüber, ob $CO_2$-Emissionen für einen solchen Schaden durch die Verursachung einer gefährlichen AGE verantwortlich sind, obliegt den Gerichten sowie der Beurteilung durch Sachverständige.

Aufgabe der Klimapolitik ist es, die fehlenden Eigentumsrechte (an einem vom Menschen unveränderten Klima) zuzuweisen und rechtliche Institutionen einzurichten, die diejenigen Individuen, die ein bestimmtes Ziel anstreben, gegen Eingriffe in ihre Rechte verteidigen. Dabei handelt es sich selbstverständlich um keine leichte Aufgabe, die jedoch verdeutlicht, dass der neoklassische klimapolitische Ansatz auf bloßen Vermutungen und Wunschdenken aufzubauen scheint und keine echte Aussicht auf Erfolg hat. Aus Perspektive eines freien Marktes oder der österreichischen Lehre ergibt sich daraus, dass Umweltprobleme nicht auf ein Versagen des Marktes, sondern auf das Unvermögen von Regierungen, Eigentumsrechte zu bestimmen und durchzusetzen, zurückzuführen sind.

## Der neoklassische und Coase'sche klimapolitische Ansatz

Wenden wir uns nun den klimapolitischen Empfehlungen neoklassischer und Coase'scher Ökonomen unter der Annahme zu, die mit einem gefährlichen Klimawandel verträgliche Höchstmenge von atmosphärischem $CO_2$ und damit das sichere Maß von Kohlenstoffemissionen sei bekannt. Selbst wenn wir von dieser Annahme ausgehen, treffen die politischen Maßnahmen, die der neoklassischen und Coase'schen Perspektive folgen, auf unüberwindbare Schwierigkeiten, die eine Auseinandersetzung mit einem alternativen österreichischen Rahmen oder Denkansatz rechtfertigen. Diese Annahme wird in Abschnitt 4 relativiert und verstärkt die Argumente für einen österreichischen Ansatz.

Ökosteuern

Das marktbasierte politische Instrument, das von der neoklassischen ökonomischen Analyse unterstützt wird, ist die Ökosteuer. Worin liegen die Schwierigkeiten bei der Einführung einer Ökosteuer? Das größte Problem sind die Kosten, die dafür anfallen, Informationen über externe Kosten zu sammeln, was jedoch nicht immer ein unüberwindbares Hindernis darstellt. Die britische Steuer, die auf die Mülldeponien und die Förderung von Zuschlagstoffen wie Sand und Kies erhoben wird, soll in der Tat dazu dienen, soziale Grenzkosten und sozialen Grenznutzen ins Gleichgewicht zu bringen. Die externen Kosten für Mülldeponien und die Förderung von Zuschlagstoffen schlagen sich jedoch hauptsächlich auf lokaler Ebene sowie in Form des Verlusts von Ruhe und landschaftlichem Wert für die in der Nähe der Standorte lebenden Menschen nieder und sind damit relativ einfach mithilfe von Standardverfahren wie Vergleichen der Immobilienpreise und Umfragen zu quantifizieren. Mit einer Steuer auf die Produktion von Kohlenstoffemissionen verhält es sich gänzlich anders, da die externen Kosten, wie Abschnitt 4 zeigen wird, zeitlich und räumlich entfernt und damit nur schwer zu bemessen sind.

Dennoch können politische Entscheidungsträger durchaus einen pragmatischeren Ansatz wählen und Anreize dafür schaffen, das Verhalten in die gewünschte Richtung zu lenken. Anstatt den Output von Waren, bei deren Produktion Kohlenstoffemissionen entstehen, zu besteuern, fungiert eine Kohlenstoffsteuer als direkte Strafe für Kohlenstoffemissionen. Der Vorteil einer Kohlenstoffsteuer besteht darin, dass sie von den Produzenten keine Verringerung ihres Outputs verlangt, sofern sie in der Lage sind, die Kohlenstoffemissionen bei unverändertem Output durch einen Wechsel zu weniger kohlenstoffintensiven oder idealerweise kohlenstoffneutralen Produktionsprozessen zu senken. Die Informationskosten einer als Anreiz für Innovation und den Einstieg in neue Energietechnologien erhobenen Kohlenstoffsteuer sind relativ gering. Die Politiker müssen lediglich über hinreichende Kenntnisse über die Kostenstrukturen von Unternehmen zur Berechnung der erforderlichen

Höhe einer solchen Steuer verfügen, um diese davon zu überzeugen, in neue, weniger kohlenstoffintensive Technologien zu investieren.

Der EU ist es bislang nicht gelungen, sich auf eine Kohlenstoffsteuer zu einigen. Norwegen, Schweden, Finnland und Dänemark hingegen haben bereits in den frühen 1990er Jahren Kohlenstoffsteuern eingeführt. Der Erfolg einer Kohlenstoffsteuer im Hinblick auf die Senkung von Emissionen hängt von zwei Faktoren ab: Erstens sind Kohlenstoffsteuern keine schnelle Lösung, sondern greifen in der Regel erst mittel- bzw. langfristig. Kurzfristig neigt die Nachfrage nach kohlenstoffintensiven Aktivitäten wie der Energieerzeugung und Transportdienstleistungen dazu, sich gegenüber Preisänderungen unbeeindruckt zu zeigen (Helm, Hepburn und Marsh, 2005). In Großbritannien müssten die Kraftstoffpreise Schätzungen der Royal Commission on Environmental Pollution zufolge über einen Zeitraum von zehn Jahren real um jährlich 9 % steigen, um die Ziele der Regierung hinsichtlich der $CO_2$-Reduktion zu erreichen. Ob irgendeine Regierung bereit wäre, das Risiko einzugehen, sich mit einem solchen Steuersatz bei ihren Wählern unbeliebt zu machen, ist fraglich.

Zweitens ist eine Kohlenstoffsteuer nur dann wirksam, wenn sie international harmonisiert wird. Andernfalls werden die Unternehmen in Ländern mit hohen Steuersätzen Wettbewerbsnachteilen ausgesetzt und verlagern ihre Geschäfte möglicherweise in Länder mit niedrigen Steuersätzen. Dies wiederum würde die Wirksamkeit der Steuer senken, deren Ziel es ist, kohlenstoffintensive Aktivitäten zu verringern, nicht, sie auf andere Länder zu verteilen. Leider waren die vier skandinavischen Länder, die in den frühen 1990er Jahren Kohlenstoffsteuern eingeführt haben, „nicht in der Lage, ihre Ansätze zu harmonisieren – und haben damit gezeigt, wie schwierig eine internationale steuerpolitische Koordinierung selbst innerhalb einer vergleichbar kleinen Gruppe von Ländern ist" (Stern Review, HM Treasury, 2006). Die US-Politik steht Steuern insgesamt eher abgeneigt gegenüber, während die Entwicklungsländer nicht bereit sind zu handeln, da der Klimawandel für sie das Ergebnis der von den Industrieländern in der Vergangenheit verursachten Emissionen ist. Die Harmonisierung einer Kohlenstoffsteuer auf globaler Ebene ist – wenn überhaupt – nur sehr langfristig erreichbar. Einige Mitgliedstaaten der Europäischen Union fördern fossile Brennstoffe, insbesondere Kohle, durch Subventionen. In Deutschland ist „Kohle nach wie vor von der 1999 eingeführten Ökosteuer befreit" (Europäische Umweltagentur, 2004, S. 14); diese Subvention entsprach 2001 einem Wert von etwa 3,5 Milliarden Euro. Der wirtschaftliche Zweck einer Subvention besteht darin, den Output eines Guts oder einer Ware, die positive Externalitäten schafft oder öffentlichen Nutzen bringt – wie beispielsweise Impfstoffe gegen Infektionskrankheiten und Bildung – zu steigern. Aus ökonomischer Sicht und unter der Annahme des Vorliegens eines wesentlichen anthropogenen Beitrags zum Klimawandel ist die stufenweise Abschaffung von Subventionen für die fossile Brennstoffe nutzenden Industrien unumgänglich. Ein solcher Vorschlag träfe jedoch in der Politik auf ernsthaften Widerstand, da Subventionen für Brennstoffe typischerweise eine Form der Sicherung von Arbeitsplätzen darstellen.

Eine globale und selbst eine die meisten derjenigen Länder mit den höchsten Kohlenstoffemissionen umfassende Kohlenstoffsteuer scheint daher in weiter Ferne zu liegen.

Emissionshandel

Die Coase'sche Theorie erklärt den Klimawandel als Folge des Versagens der Regierungen, eine umfassende Allokation von Eigentumsrechten vorzunehmen, in dem diese es versäumt haben, das Recht auf Nutzung der Atmosphäre als Auffangbecken für Treibhausgas-Emissionen (THG) zuzuweisen. Nach dieser Auffassung sollte die Atmosphäre als Eigentum behandelt werden; Unternehmen oder Nationen müssen das Recht auf Nutzung dieses Eigentums als Auffangbecken für Kohlenstoffemissionen bis zu einer Grenze, die nicht zu einem Anstieg der durchschnittlichen globalen Oberflächentemperatur führt, demnach kaufen oder durch Allokation zugewiesen bekommen. Nach der Allokation von Eigentumsrechten kann Handel stattfinden. Wie für jeden anderen Markt legt die Regierung fest, wem was gehört und setzt die geschlossenen Verträge durch. Der Staat bringt den Markt gewissermaßen in Bewegung und tritt dann zurück, damit dieser sich frei entfalten kann. Im Falle des Emissionshandels kann nach der Allokation der Genehmigungen Handel stattfinden. Der Preismechanismus sorgt dabei nicht nur für eine Senkung der Kohlenstoffemissionen, sondern tut dies zu geringstmöglichen Kosten für die Wirtschaft.

Das Kyoto-Protokoll sieht eine Stärkung von Marktmechanismen, insbesondere des Emissionshandels, durch eine Umsetzung der Ziele zur Reduzierung der THG-Emissionen zu möglichst geringen Kosten vor. Die Kyoto-Ziele gelten nur für die am stärksten industrialisierten Volkswirtschaften, bei denen es sich traditionell um die größten Emittenten handelt. Trotz der Aussicht darauf, dass die Kosten für die Reduzierung der Emissionen durch den Emissionshandel deutlich geringer ausfallen, waren die USA nicht bereit, eine Verpflichtung zu verbindlichen Zielen für die Emissionsreduzierung einzugehen, China und Indien lehnten die Vereinbarung verbindlicher Ziele für den Zeitraum nach Kyoto (nach 2012) ab. Im Gegensatz dazu richtete die Europäische Union ein multinationales Emissionshandelssystem (ETS) ein. Erweist sich dieses ETS der Europäischen Union als wirksam im Hinblick auf eine möglichst kostengünstige Reduzierung der Emissionen, könnte ein vergleichbares System auch von anderen Ländern, möglicherweise allen großen Emittenten übernommen werden, die für mehr als 80 % der globalen Emissionen verantwortlich sind.

Bei dem ETS der Europäischen Union handelt es sich um ein Cap and Trade-System. Die EU als supranationale Organisation vergibt Eigentumsrechte an der Atmosphäre, indem sie für einen bestimmten Zeitraum eine Obergrenze (Cap) für Emissionen festlegt und Unternehmen in kohlenstoffintensiven Industriezweigen nach oben begrenzte Kohlenstoff-Emissionsgenehmigungen zuweist, mit denen diese anschließend Handel (Trade) treiben können. Einige Unternehmen stoßen weniger Kohlenstoff aus, als ihnen gemäß ihrer Allokation zustehen würde, weil sie beispielsweise mit Technologien arbeiten, die wenig bzw. keinen Kohlenstoff verursachen, und können so einen Teil ihrer Investitionskosten durch den Verkauf ihrer überschüssigen Genehmigungen wieder hereinholen. Andere Unternehmen wiederum möchten vielleicht mehr Kohlenstoff ausstoßen, als nach den ihnen zugewiesenen Genehmigungen zulässig wäre, weil ihre kohlenstoffintensiven Ausrüstungen noch nicht das Ende ihrer Lebensdauer erreicht haben. Diese Unternehmen sehen sich gezwungen, ihre überschüssigen Emissionen so lange über den Ankauf von Genehmigungen abzudecken, bis sie in sauberere Technologien investieren können.

Grundsätzlich ist ein Cap-and-Trade-System die kostengünstigste Methode zur Reduzierung von Emissionen, da es dezentrale Kenntnisse über Kosten offen legt. Den Unternehmen steht es frei, in ihrem eigenen Tempo in neue Technologien zu investieren und ihre Kosten und Verbraucherpreise zu minimieren. Nichtsdestoweniger hängt die Frage, ob die Kohlenstoffemissionen unabhängig von den Kosten überhaupt reduziert werden, wesentlich von den von den Regierungen bei der Ausgestaltung des Emissionshandelssystems getroffenen Entscheidungen ab. Hierbei sind drei zentrale Fragen zu beantworten: Welche Grenze soll für die

Emissionen gelten? Welche Reichweite soll das System haben? Welche Methode soll bei der Allokation der Genehmigungen an die beteiligten Unternehmen verfolgt werden?

Zunächst einmal sollte das Emissionsniveau den langfristigen politischen Zielen, zum Beispiel im Hinblick darauf, einen gefährlichen Klimawandel zu verhindern (das vereinbarte Ziel des Kyoto-Protokolls), entsprechen. Dies ist ausschließlich auf Grundlage wissenschaftlicher Beweise sowie einer Aussage bezüglich künftig zu erwartender durchschnittlicher Emissionen möglich, worauf in Abschnitt 4 näher eingegangen wird; solche in die Zukunft gerichteten Aussagen bringen unweigerlich eine gewisse Unsicherheit in das Handelssystem, wodurch dessen Akzeptanz unter den beteiligten Unternehmen gefährdet werden könnte.

Zweitens kann die Reichweite des Handelssystems zumindest in dessen Anfängen auf kohlenstoffintensive Industriezweige begrenzt werden, die keiner unmittelbaren Gefährdung durch den Wettbewerb der internationalen Märkte ausgesetzt sind. Industriezweige, für die Ausnahmeregelungen gelten, umgehen die Kosten des Emissionshandels und werden damit im Grunde subventioniert. Sowohl das in Großbritannien als auch das in der EU geltende ETS enthalten eine ganze Reihe von Ausnahmeregelungen.

Drittens ist die Methode, nach der die ersten Genehmigungen erteilt werden – durch freie Zuteilung, Auktion oder eine Mischung aus beiden Verfahren – entscheidend. Eine freie Zuteilung kann wesentlicher Bestandteil einer Strategie sein, die darauf abzielt, skeptische Unternehmen für die Idee zu gewinnen, birgt jedoch Risiken in sich. So kann eine freie Zuteilung beispielsweise den Markteintritt neuer Unternehmen behindern und damit die Intensität des Wettbewerbs in den unter das System fallenden Industriezweigen unterminieren. Bereits am Markt vorhandenen Unternehmen werden mit Beginn des Handelssystems frei Genehmigungen zugeteilt, die von neu in den Markt eintretenden Unternehmen erst zu dem geltenden Marktpreis erworben werden müssen. Neuen Nutzern wird durch das „freie Zuteilungssystem gegenüber ansonsten identischen anderen, jedoch bereits vorhandenen Unternehmen eine zusätzliche finanzielle Bürde aufgeladen" (Tietenberg, 2005, S. 184).

Die Kombination aus Baseline- and Credit-Ansatz und der freien Zuteilung von Genehmigungen kann sich nachteilig auf die Einkommensverteilung auswirken. Stromerzeuger können beispielsweise ihre Preise vor dem Erhalt unzureichender Genehmigungen erhöhen und sich ggf. gezwungen sehen, zusätzliche Genehmigungen zu einem bestimmten Marktpreis zu kaufen. Reicht die Quote aus, um die aktuellen Emissionen der meisten Unternehmen abzudecken, fällt der Kohlenstoffpreis (der Preis der Genehmigungen) und die ursprünglich für den Kauf der Genehmigungen aufgebrachten Geldmittel werden zu Marktlagengewinnen (sog. „windfall profits"). Die Verteilungseffekte auf die Gesellschaft insgesamt dürften regressiv wirken, da das Geld von Stromverbrauchern mit meist eher geringen Einkünften auf durchschnittlich vermutlich wohlhabendere Anteilseigner umverteilt wird. Das ETS der Europäischen Union traf in der Anfangsphase aufgrund der Festlegung zu hoher nationaler Quoten auf größere Schwierigkeiten. Es ist jedoch möglich, dass die zweite Phase mit der Festlegung strengerer Ziele, die mehr Unternehmen überzeugen, in kohlenstoffarme Technologien zu investieren, eine stärkere Wirkung erzielen wird.

Das ETS der Europäischen Union steht vor einer Reihe von Herausforderungen, die gemeistert werden müssen, wenn es eines Tages Teil eines wirksamen internationalen Emissionshandelssystems werden soll. Die Anzahl der im Wege der freien Zuteilung erteilten Genehmigungen muss gesenkt werden und wenn nicht alle, so sollte doch zumindest ein Teil der Genehmigungen versteigert werden. Darüber hinaus sollte das System alle Kohlenstoffemissionen ohne Ausnahmen für bestimmte Industriezweige abdecken und der Emissionsmarkt einen vernünftigen Wettbewerb ermöglichen. Ein effizientes internationales Handelssystem erfordert weiterhin eine Einigung auf internationaler politischer Ebene in Bezug auf die Ziele für die Reduzierung der Emissionen sowie einen Zeitplan zu deren Umsetzung. Eine internationale Zusammenarbeit in diesem Bereich scheint jedoch in weiter Ferne.

Selbst wenn die Annahme, die mit einem gefährlichen Klimawandel verträgliche Höchstmenge von atmosphärischem $CO_2$ und damit das sichere Maß an Kohlenstoffemissionen seien bekannt, zuträfe, wären die von der neoklassischen und Coase'schen Ökonomie vorgeschlagenen politischen Lösungen doch grundlegend problematisch. Stellt sich die Frage nach der Begründbarkeit dieser Annahme.

**Das unsichere Fundament der Klimapolitik**

Der gesellschaftliche Nutzen von politischen Maßnahmen zur Bekämpfung des Klimawandels liegt in einer Begrenzung des Schadens, der durch Emissionen entstanden wäre, die dank dieser Maßnahmen vermieden werden konnten, sowie in einer Verringerung der damit verbundenen Kosten. Das politische Ziel besteht darin, die wirtschaftlichen Auswirkungen des Klimawandels zu minimieren, soll heißen, den Schaden, den dieser vermeintlich verursacht. Der übliche Ansatz zur Bewertung der wirtschaftlichen Auswirkungen des Klimawandels setzt die Bestimmung der Kosten voraus, die einigen der Betroffenen, abzüglich der von anderen erzielten Gewinne, möglicherweise entstehen.

Der alternative politische Rahmen nach dem Verständnis der österreichischen Ökonomie, auf den im fünften Abschnitt näher eingegangen werden soll, lehnt diesen Ansatz zur Bewertung der Auswirkungen des Klimawandels ab. Eine Bemessung der Nettoauswirkungen vernachlässigt die Bedeutung von Verstößen gegen Eigentumsrechte, die mit der AGE einhergehen. Diese Sicht auf die Dinge entspricht der libertären Betrachtung des Klimawandels, wie sie von Adler (2009) formuliert wurde.

Politische Entscheidungsträger berufen sich in der Klimawissenschaft vornehmlich auf den Zwischenstaatlichen Ausschuss für Klimaänderungen (IPCC) der Vereinten Nationen.

### Der IPCC und die Klimawissenschaft

Die neoklassische Ökonomie bemisst die wirtschaftlichen Auswirkungen des Klimawandels als Schadenskosten des Klimawandels – in der englischsprachigen Literatur bezeichnet als Social Cost of Carbon (SCC). Dieses Modell des Social Cost of Carbon umfasst drei zentrale Aspekte:

- Die Auswirkungen von $CO_2$-Emissionen auf atmosphärische Konzentrationen von $CO_2$ und damit auf die durchschnittliche globale Oberflächentemperatur;
- Die Auswirkungen eines Anstiegs der durchschnittlichen globalen Oberflächentemperatur auf physikalische Phänomene wie den Meeresspiegel und die Ausdehnung der Wüsten; und
- Den finanziellen Gegenwert der Auswirkungen dieser physikalischen Veränderungen auf die wirtschaftliche Aktivität.

Jeder dieser Aspekte birgt große Unsicherheit in sich.
Die Klimawissenschaft ist weit von einer etablierten Wissenschaft entfernt. Einige Forscher gehen davon aus, dass die globalen Temperaturveränderungen in hohem Maße

durch natürliche Kräfte wie Schwankungen der Sonnenaktivität hervorgerufen werden (Baliunas, 2002; Carter et al. 2006; Singer 1999; Svensmark und Calder 2007).

Gemäß Popper (1965, S. 24 f.) kommt die Forschung durch die Widerlegung falscher Annahmen und die schrittweise Akzeptanz von Annahmen voran, die der empirischen Prüfung standhalten. Die Suche nach neuen wissenschaftlichen Erkenntnissen setzt immer eine „freundlich-feindliche Zusammenarbeit" von Forschern dahingehend voraus, dass diese die Annahmen des jeweils anderen im Wege der Beweisführung prüfen. Erkenntnisse sind immer vorläufig und bestehen aus einer Ansammlung von Annahmen, die zwar bislang strengen Prüfungen standgehalten haben, in der Zukunft jedoch widerlegt werden können. Von diesem Standpunkt aus betrachtet, handelt es sich bei den Ansichten des IPCC nicht um Wissenschaft, sondern um eine politisch geleitete Auswahl von Ansichten aus dem wissenschaftlichen Meinungsspektrum. Die Zusammenfassung des vierten IPCC-Sachstandsberichts für politische Entscheidungsträger aus dem Jahr 2007 ist „das Ergebnis eines politischen Kompromisses zwischen den Regierungen der Mitglieder" (Kasper, 2007, S. 90; McKitrick et al., 2007). Eine von Politikern Zeile um Zeile verhandelte Veröffentlichung hat nichts mit Wissenschaft im Sinne von Annahme und Widerlegung zu tun. Johnston (2010, S. 78) ist der Auffassung, dass die Antwort des Establishments (also des IPCC) auf Gegenbeweise für gewöhnlich nicht darin besteht einzuräumen, dass die Klimamodelle falsch sein könnten, sondern die Beweise in Frage zu stellen. In vielen Fällen „deutet nichts darauf hin, dass Klimaforscher bereit sind, künftig auf die aus Beobachtungen gewonnenen Datensätze zurückzugreifen, über deren Gültigkeit und Verlässlichkeit Einigkeit herrscht (Johnston, 2010, S. 78 f.). Die Fälle, in denen sich der IPCC selbst und einige der ihm zuarbeitenden Forscher nicht an grundlegende wissenschaftliche Verfahren hielten und Anlass zu öffentlichen Diskussionen gaben, sind gut dokumentiert (Booker, 2010; Johnston, 2010; weitere Referenzen finden sich im Internet auf der Website der Global Warming Policy Foundation).

Unter diesen Umständen sind Vorhersagen bezüglich der physikalischen Auswirkungen eines Anstiegs der durchschnittlichen globalen Oberflächentemperatur (die in der Regel auf 2-3 °C geschätzt wird) zwangsläufig umstritten (Byatt, I. (2006); IPCC, 2007; Stern, 2007; Booker, 2010). Mit diesen Auswirkungen geht ein gesteigertes Risiko von Überschwemmungen durch das Abschmelzen von Gletschern, gefolgt von Unterbrechungen der Wasserversorgung, einher, von dem bis zu ein Sechstel der Weltbevölkerung vor allem auf dem indischen Subkontinent und in Teilen Chinas und Südamerikas betroffen sind. In höheren Breiten, beispielsweise in Nordeuropa, könnte ein Temperaturanstieg um 2-3 °C zu höheren landwirtschaftlichen Erträgen führen; besonders in Afrika wäre jedoch mit einem Einbruch der Ernten zu rechnen, was hunderte Millionen von Menschen in eine Nahrungsmittelkrise stürzen würde. Ebenso vorhergesagt werden eine erhöhte Sterberate aufgrund hitzebedingter Todesfälle sowie die Ausbreitung tropischer Krankheiten, obwohl die Zahl der kältebedingten Todesfälle gleichzeitig zurückgehen wird. Bei einer Erwärmung um 3-4 °C wird von einer mit einem Anstieg des Meeresspiegels einhergehenden Wärmeausdehnung der Ozeane ausgegangen, was zu Überschwemmungen niedrig gelegener Küstengebiete führen und „zehn bis hunderte Millionen" von Menschen dazu zwingen könnte, ihre Heimat zu verlassen. Am stärksten betroffen von dieser Gefahr sind Südostasien (Bangladesch und Vietnam), kleine Inseln in der Karibik und im Pazifik sowie große Küstenstädte wie Tokio, New York, Kairo und London. Extreme Wetterphänomene könnten sich häufen.

Für die österreichischen und libertären Ökonomen sind diese mutmaßlichen Auswirkungen der AGE der springende Punkt. Denn sie werden in dem Maße, in dem sie künftig auftreten, das Recht vieler Menschen auf Nichteinmischung und insbesondere auf ein von den wirtschaftlichen Aktivitäten anderer unverändertes Klima verletzen. Der letzte Aspekt des Modells des Social Cost of Carbon ist für die österreichische Ökonomie und die libertäre politische Philosophie irrelevant, da der Nutzen für andere die Verleugnung der negativen Freiheit bzw. der Freiheit von Einmischung, die mit der AGE einhergehen könnte, nicht ausschließt. Aus den genannten Gründen bietet die Tatsache, dass sich der IPCC als einflussreichster wissenschaftlicher Ratgeber im Zusammenhang mit Klimafragen nicht an die grundlegenden wissenschaftlichen Verfahrensregeln hält, Anlass zu großer Sorge.

Bemessung der wirtschaftlichen Auswirkungen des Klimawandels

Der vorliegende Abschnitt befasst sich mit den Problemen des Modells des Social Cost of Carbon, da die Unsicherheit der Ergebnisse trotz der Tatsache, dass aus österreichischer und libertärer Sicht die Nettoauswirkungen irrelevant sind, die Anwendung neoklassischer und Coase'scher politischer Maßnahmen untergräbt und eine gesicherte Identifikation spezifischer Verstöße gegen Eigentumsrechte innerhalb eines sinnvollen Zeitrahmens erschwert.

*Ermittlung des finanziellen Gegenwerts der Auswirkungen des Klimawandels*
Der erste Schritt, die Social Cost of Carbon durch die finanzielle Bewertung einiger dieser Auswirkungen zu ermitteln, ist noch recht einfach. Viele große Küstenstädte wie London, New York oder Tokio verfügen beispielsweise über ein großes Angebot an hochpreisigen Immobilien. Überdies würde der produktive Output ohne die Büros oder Fabriken, in denen die Menschen arbeiten, oder ohne die Häuser und Wohnungen, in denen sie leben, zumindest zeitweilig zurückgehen. Rückläufige (und durch Preissteigerungen ausgeglichene) Ernteerträge und schwindende Fischbestände würden zu einem Wertverlust des globalen Outputs führen. In der Praxis werden dabei üblicherweise die Produktions-

verluste bewertet, die dadurch entstehen, dass die Menschen nicht in der Lage sind, bezahlte oder unbezahlte Arbeit zu leisten.

Die Ermittlung der nicht marktbezogenen Auswirkungen auf die Umwelt und die menschliche Gesundheit gestaltet sich hingegen wesentlich schwieriger. Bei nicht marktbezogenen Auswirkungen handelt es sich um solche, bei denen die Beimessung eines finanziellen Gegenwerts unter Berufung auf einen Marktpreis nicht möglich ist. Die Kosten, die beispielsweise durch Krankheiten oder den Verlust von landwirtschaftlichem Grund und Boden in einer Subsistenzwirtschaft entstehen, sind nicht mit einem Marktpreis zu beziffern. Die dahingehenden Schätzungen sind heftig umstritten. Da die gesundheitlichen Auswirkungen in der Praxis für gewöhnlich über Marktwerte bemessen werden, die sich als entgangener Output durch die Unmöglichkeit zu arbeiten definieren, unterliegen dieses und andere Verfahren zur Bemessung der Kosten nicht marktbezogener Auswirkungen beträchtlichen Unsicherheiten.

Die Gefahr von klimabedingten Umweltkatastrophen treibt sowohl die potenziellen Gesamtkosten als auch das Fehlerpotenzial in die Höhe. Schließlich ist die Wahrscheinlichkeit, dass ärmere Regionen in unverhältnismäßig hohem Maße von den Auswirkungen des Klimawandels betroffen sein werden, sehr hoch. Würde diesem Gedanken ein stärkeres relatives Gewicht beigemessen, könnten die Kosten der globalen Erwärmung nach Schätzung von Stern (2007) auf

„etwa 20 %" des weltweiten BIP ansteigen. Diese Schätzung geht dennoch davon aus, dass die Anfälligkeit gegenüber dem Klimawandel entwicklungsunabhängig ist, auch wenn es durchaus wahrscheinlich erscheint, dass diese von der Anpassungsfähigkeit und damit dem Entwicklungsstand abhängig ist (Tol und Yohe, 2006, S. 237).

Fest steht, dass die finanzielle Bewertung der wirtschaftlichen Auswirkungen des Klimawandels mit erheblichen Unsicherheiten verbunden ist.

*Die Bestimmung des Diskontsatzes*
Die größte Unsicherheit ergibt sich daraus, dass davon ausgegangen wird, dass der Klimawandel Jahr für Jahr über einen sehr langen Zeitraum Auswirkungen zeitigen wird, woraus sich wiederum deutliche Unterschiede zwischen den verschiedenen Schätzungen des finanziellen Gegenwerts dieser Auswirkungen ergeben. Da viele wirtschaftliche Auswirkungen des Klimawandels erst in einigen Jahrzehnten oder sogar Jahrhunderten erwartet werden, unterliegt ihr Eintritt unvermeidbar einer gewissen Unsicherheit. Ebenso ist es möglich, dass sich Auswirkungen des Klimawandels nie ereignen, sodass Ökonomen deren Kosten diskontieren oder im Wert reduzieren. Mit dem jährlichen Aufaddieren der Kosten des Klimawandels entsteht möglicherweise der Wunsch, diejenigen Kosten, die erst für einen späteren Zeitpunkt erwartet werden, nach unten zu korrigieren, das heißt zu diskontieren, um die Unsicherheit ihres tatsächlichen Ein-

tritts zu verdeutlichen. Je niedriger der Satz, zu dem diese Kosten diskontiert werden, umso höher ihr aktueller Wert.

Der von der britischen Regierung in Auftrag gegebene Stern Review (Stern, 2007) berechnet den aktuellen Wert der Kosten des Klimawandels durch Ermittlung der durchschnittlichen Gesamtkosten für die Jahre, in denen das Modell zu einem ungewöhnlich niedrigen Diskontsatz funktioniert. Nordhaus (2007) bedient sich in seinen Untersuchungen des Stern-Modells, um die Kosten des Klimawandels einschließlich der nicht marktbedingten und durch Katastrophen hervorgerufenen Auswirkungen zu berechnen, und erhöht die von Stern ermittelte Schätzung für jedes Modelljahr auf 14 % des globalen Outputs. Gemäß Nordhaus (2007) geht das Modell von einem durchschnittlichen Verlust in Höhe von nur 0,4 % des globalen Outputs bis 2060 sowie 2,9 % bis 2100 und 13,8 % bis 2200 aus. Die Verluste, die zwischen 2000 und 2100 im Durchschnitt mit 1 % angegeben werden, erhöhen sich aufgrund der extrem hohen Verluste in ferner Zukunft sowie der Anwendung eines niedrigen Diskontsatzes auf 14 %. Nordhaus (2007) geht davon aus, dass „bei Anwendung der Methode des [Stern] Reviews mehr als die Hälfte der angenommenen Schäden (…) nach 2800 eintreten werden."

Der angewendete Diskontsatz beeinflusst die Ergebnisse des Modells vermutlich stärker als alle übrigen Parameter. Über den anzuwendenden angemessenen Diskontsatz herrscht jedoch keine Einigkeit. Stern (2007) ist der Auffassung, dass Diskontsätze von mehr als Null die Interessen künftiger Generationen in ungerechter Weise abwerten. Die von Stern (2006) bevorzugten niedrigen Diskontsätze führen zu geradezu garantiert hohen Schätzungen der Kosten des Klimawandels (Tol und Yohe, 2006, S. 238). Die von Stern mit 5 % des weltweiten BIP ermittelten „Baseline"-Kosten liegen über den Ergebnissen anderer Modelle, die meist zu Werten zwischen 1 und 2 % des weltweiten BIP gelangen. Andere ethische Ansätze sind jedoch mindestens ebenso überzeugend. So geht die akteur-relative Ethik beispielsweise davon aus, dass Akteure Menschen, die ihnen familiär oder freundschaftlich verbunden sind, von Natur aus stärker wertschätzen als fern in Zeit oder Raum befindliche Fremde.

*Künftige Emissionsszenarien*
Schätzungen des IPCC (2007) zufolge, wird sich die globale Erdoberflächentemperatur im Zeitraum 2090-2099 gegenüber dem Zeitraum 1980-1999 um durchschnittlich 1,8 °C bis 4,0 °C erwärmen. Die Ursache für diesen recht vagen Wert liegt in der Unsicherheit über die künftige globale Wirtschaftsentwicklung und damit das Ausmaß der $CO_2$-Emissionen begründet. Der IPCC hat sechs Emissionsszenarien ausgearbeitet, von denen jedes eine Möglichkeit des globalen Wirtschaftswachstums innerhalb des nächsten Jahrhunderts abbildet. Die Szenarien mit geringem Emissionsanstieg setzen dabei eine weltweit konvergente, saubere Technologien einsetzende Dienstleistungs- und Wissensgesellschaft oder eine durch lokale und nachhaltige Lösungen

für wirtschaftliche Probleme gekennzeichnete Welt voraus. Dahingegen gehen die Szenarien mit schnell steigenden Emissionen von einem rasanten Wirtschaftswachstum sowie regionaler Konvergenz aus. Der Wert 1,8 °C entspricht innerhalb einer Bandbreite von 1,1 °C bis 2,9 °C dem besten Wert des günstigsten Emissionsszenarios, wohingegen der Wert 4,0 °C die beste Schätzung des ungünstigsten Emissionsszenarios innerhalb einer Bandbreite von 2,4 °C bis 6,4 °C widerspiegelt.

Doch woher sollen wir wissen, wie die Weltwirtschaft in 100 Jahren aussehen wird? Vernünftigerweise hat der IPCC davon abgesehen, eine solche Vorhersage zu treffen; die Szenarien bilden so lediglich Möglichkeiten ab, welche Wege die Weltwirtschaft in Zukunft gehen könnte. Innerhalb der sechs Szenarien hält der IPCC „alle für gleichermaßen realistisch." Es wird weithin davon ausgegangen, dass die Auswirkungen eines Anstiegs der globalen Temperatur um weniger als 2 °C verhalten und die Ernteerträge in gemäßigten Regionen höher ausfallen werden. Bei einem globalen Temperaturanstieg um 4 °C werden hingegen eine wachsende Gefahr von extremen Wetterphänomenen und katastrophale Auswirkungen für die über 80 Millionen von Malaria bedrohten Menschen und bis zu 300 Millionen weiteren, von alljährlich auftretenden Überschwemmungen in Küstengebieten betroffenen Menschen vorhergesagt. Wie der IPCC jedoch selbst einräumt ist es nicht möglich, eine Aussage darüber zu treffen, ob die Auswirkungen des Klimawandels günstig, verhalten oder katastrophal ausfallen werden.

## Konsequenzen für die Politik

Die Konsequenzen dieser Auswirkungen sowie der Unsicherheit, die in so vielen Bereichen der Einschätzung des Social Cost of Carbon herrscht, für die Politik sind radikal. Die Einführung einer Kohlenstoffsteuer und des Emissionshandels sind gleichermaßen unbegründet. Sicher, ein „Handeln auf Grundlage vernünftiger Schätzwerte ist besser als ein Handeln ohne Schätzung" (Pearce, 2005, S. 101). Können günstige und katastrophale Szenarien jedoch nicht zuverlässig unterschieden werden, gibt es keine vernünftigen Schätzungen und damit keine Handlungsgrundlage.

Wird die AGE als externer Kostenfaktor der Nutzung fossiler Brennstoffe zur Produktion von Waren verstanden, ist es dringend erforderlich, „ein weltweit einheitliches Kohlenstoffpreissignal auszusenden" (Stern, 2007, S. 530). Dieser Preis muss über dem aktuellen Preis liegen, um die Kosten, die Dritten durch die AGE entstehen, abzubilden und den Output auf ein Optimum zu reduzieren. Stern (2007) führt weiter aus, dass „ein solches länder- und sektorenübergreifendes Preissignal" entweder über ein Preisinstrument (Steuer) oder eine Mengenkontrolle (handelbare Genehmigungen) erreicht werden kann (S. 351). Die Besteuerung fossiler Brennstoffe würde den Kohlenstoffpreis in die Höhe treiben und die Emissionen auf ein Niveau reduzieren, das ausreichend wäre, um einen gefährlichen Klimawandel zu vermeiden. Eine Mengenbegrenzung der Kohlenstoffemissionen über ein Cap-and-Trade-Emissionshandelssystem würde grundsätzlich ein angemessenes Emissionsniveau sichern, und der Preis der handelbaren Genehmigungen würde als Nebeneffekt den Kohlenstoffpreis bestimmen. Beide politischen Maßnahmen gehen davon aus, dass folgende Fragen beantwortet werden können: „Wo liegt die Obergrenze für eine sichere Menge Kohlenstoff, die über das Jahrhundert ausgestoßen werden kann?" sowie davon ausgehend: „Welche Menge an Waren kann unter Einsatz fossiler Brennstoffe sicher bzw. idealerweise produziert werden?" Für die Beantwortung dieser Fragen herrscht jedoch viel zu große Unsicherheit bezüglich der gesellschaftlichen Kosten der Treibhausgasemissionen.

Um den Kohlenstoffpreis über eine „länder- und sektorenübergreifende" Besteuerung zu steuern, müssen die Regierungen den Wert der negativen Externalität kennen und wissen, wo die Grenze für einen gesellschaftlich betrachtet optimalen Output fossiler Brennstoffe und atmosphärischer Treibhausgas-Konzentrationen liegt. Sie müssen die sichere Menge an Kohlenstoffemissionen und damit die Menge der Waren, die in der gesamten Weltwirtschaft unter Einsatz fossiler Brennstoffe produziert werden können, genau kennen. Grundlage des Preissignals muss daher eine Quote sein. Das Preissignal an sich ist lediglich ein Instrument zur Kontrolle der Menge. Letztlich besteht kein wirklicher Unterschied zwischen Preiskontrolle (Steuer) und Mengenkontrolle (Handel).

Steuern sollten daher nicht als marktbasiertes Instrument verstanden werden, so als handele es sich bei der diese erhebenden Regierung um eine besonders kenntnis- und hilfreiche zusätzliche Instanz; ganz im Gegenteil sind Steuern ebenso wie Regulierungsmaßnahmen Ausdruck von Marktverzerrungen und -eingriffen. Steuern dienen der Auferlegung eines vorab festgelegten, aus einer Mengenbeurteilung abgeleiteten Preises. Das Problem bleibt dasselbe und zwar unabhängig davon, ob die Politik auf das Instrument der Besteuerung oder des Handels zurückgreift. Angesichts all dieser Aspekte kann jeder vernünftige Mensch letztlich nur zu dem Schluss kommen, dass die sichere bzw. optimale Menge (an unter Einsatz fossiler Brennstoffe produzierten Waren) nicht bekannt ist.

**Klimapolitik aus österreichischer Perspektive und im Lichte des freien Handels**

Rothbard (1990), Cordato (1992, 2004) und Pennington (2005) stehen für die österreichische Perspektive in Bezug auf Umweltprobleme, während Adler (2009) für eine komplementäre libertäre politische Philosophie eintritt. Der wesentliche Punkt ist, dass Umweltprobleme auftreten, weil ein Wirtschaftsakteur, beispielsweise ein Verursacher, in einer Weise handelt, die mit der Freiheit eines anderen Wirtschaftsteilnehmers, seine Pläne umzusetzen und seine Rechte auszuüben, unvereinbar ist. Für die Politik ergibt sich in der Konsequenz, dass sie keinen Grund hat, in den Marktaustausch einzugreifen, wenn Eigentumsrechte zugewiesen wurden und gesetzliche Rahmenbedingungen vorhanden sind, die den Opfern die Möglichkeit eröffnen, rechtlich gegen die Verursacher von Verschmutzungen vorzugehen. Dem Verursacher muss nachgewiesen werden, dass er ursächlich für einen bestimmten Eingriff in die Rechte des Opfers verantwortlich ist.

Im Falle des Klimawandels haben die Regierungen bereits in hohem Maße eingegriffen. Die österreichische bzw. libertäre Politik muss daher dahin gehen, die „Klimapolitik" zu privatisieren und alle Gesetze bezüglich des Klimawandels außer Kraft zu setzen. Der steuerliche Umgang mit fossilen Brennstoffen sollte dahingehend überprüft werden, alle Steuern, die im Hinblick auf die Reduzierung der Kohlenstoffemissionen erhoben wurden, abzuschaffen. Regulierungsmaßnahmen, die darauf abzielen, die Kohlenstoffemissionen zu reduzieren, sollten außer Kraft gesetzt werden. Nationale bzw. supranationale Emissionshandelssysteme sollten abgewickelt werden, wobei es privatwirtschaftlichen Unternehmen und Einzelpersonen selbstverständlich nach wie vor freistünde, weiterhin Genehmigungen auszugeben und zu handeln. Die offiziellen Ziele zur Reduzierung der Kohlenstoffemissionen sollten aufgegeben werden. Es sollte keine klimapolitischen Ziele oder Instrumente geben. Die Entscheidung, sich im Streitfalle an die Gerichte zu wenden, läge damit bei jedem Einzelnen bzw. bei den Unternehmen, die der Ansicht sind, dass ihre Eigentumsrechte durch die AGE verletzt wurden. Kurz: Der „Klimawandel" sollte keiner staatlichen Politik unterliegen. Stattdessen sollten die Gerichte ein gewohnheitsrechtliches Korpus aufbauen und Präzedenzfälle schaffen, auf deren Grundlage die Nutzer fossiler Brennstoffe handeln können – eine privatisierte Politik.

Gefährdungshaftung

Eine Neuzuweisung von Eigentumsrechten ist nicht erforderlich. Angenommen, die Nutzung fossiler Brennstoffe durch A führt zur Zerstörung des Grund und Bodens von B durch Überschwemmung oder Desertifikation, so handelt es sich dabei offenkundig um einen Haftungsfall. Die Gesetzgebung wie auch die gerichtliche Praxis gestalten sich hinsichtlich der Bedeutung des Immissionsschutzrechts mit seiner Betonung der Gefährdungshaftung und des Rechts der Fahrlässigkeitshaftung von Land zu Land verschieden. In manchen Ländern könnten sich Gesetzesänderungen als erforderlich erweisen, um das Immissionsschutzrecht durch das Recht der Fahrlässigkeitshaftung zu ersetzen (Morris, 2003). Bezüglich der Frage Gefährdungshaftung vs. Fahrlässigkeitshaftung gibt es umfassende Literatur (Schäfer, 2000; Schäfer und Schönenberger, 2000). Der Fokus des Grundsatzes der Gefährdungshaftung und des Immissionsschutzrechts liegt auf der Kausalität von Emission und Umweltschaden (Hoppe (2004), Cordato (2004), Morris (2008)). Genau um die Frage, ob die Nutzung fossiler Brennstoffe durch den Menschen ursächlich für die globale Erwärmung verantwortlich ist, geht es auch hier. Führt eine auf dem Eigentum von A ausgeübte Tätigkeit zu einer Schädigung des Eigentums von B, haftet A unabhängig davon, ob A den Schaden beabsichtigt oder angemessene Vorkehrungen zu dessen Vermeidung getroffen hat oder ob sich durch die Tätigkeit ein erhöhter Nutzen für die Öffentlichkeit ergibt (Morris, 2008, S. 241). Diese Auffassung stimmt mit dem Grundsatz der Nebenbedingungen unterliegenden Handlungsfreiheit nach Nozick (1974) überein. Bei einer Nebenbedingung handelt es sich in dem Zusammenhang um eine Regel zum Verbot von Handlungen, die Eigentum durch die AGE schädigen. Aus meiner österreichisch-nozickianisch geprägten Perspektive ist der neoklassische Grundsatz mit seinem Versuch, ein optimales Kohlenstoffemissionsniveau festzulegen, ungerecht, da er zulässt, dass Einzelpersonen verletzt und private Eigentumsrechte übergangen werden, solange nur im Ergebnis eine Nettosteigerung des gesamtgesellschaftlichen Nutzens steht (siehe Adler, 2009).

Die Gesetzgebungen wie auch die gerichtliche Praxis unterscheiden sich auch dahingehend von Land zu Land, ob Schadenersatzzahlungen oder dem Weg des einstweiligen Rechtsschutzes der Vorzug gegeben wird. Angewendet auf die AGE würden Unternehmen durch Verfahren des einstweiligen Rechtsschutzes gezwungen, ihre Kohlenstoffemissionen auf ein Maß zu reduzieren, das keine gefährliche AGE verursacht (Swanson, 2000). Ein Nachteil der haftungsrechtlichen Beilegung von Streitigkeiten vor Gericht ist die Schwierigkeit, die durch einen Schaden entstandenen Kosten zu bemessen und die Höhe des Schadenersatzes zu bestimmen. Ziel von Haftungsfällen im Bereich der AGE ist es jedoch, eine Kausalität herzustellen, und angesichts der für die Bemessung des Schadenersatzes erforderlichen Informationen ist der Weg des einstweiligen Rechtsschutzes vorzuziehen.

Gegen die österreichisch-libertäre Strategie können verschiedene vermeintliche Einwände vorgebracht werden, die bei genauer Betrachtung jedoch vielmehr als Vorteile der gerichtlichen Klärung von Streitfragen zur Verteidigung von Eigentumsrechten anzusehen sind.

Die Regel der kombinierten Wirkung

**Einwand:** Es ist unmöglich, das Maß der Verantwortung eines einzelnen Nutzers fossiler Brennstoffe zu bestimmen.

**Erwiderung:** Generell ist es nicht nötig, die Frage nach dem Maß der Verantwortung eines einzelnen Nutzers fossiler Brennstoffe zu beantworten, obwohl sich dadurch das Problem der Verantwortlichkeit vereinfachen ließe. Es gibt keinen zwingenden Grund, die Auswirkungen der Emissionen eines einzelnen Emittenten z. B. auf den Anstieg des Meeresspiegels zu beziffern. Kohlenstoffemissionen eines einzelnen Unternehmens können den Klimawandel nur in Verbindung mit den Emissionen vieler anderer Unternehmen befördern. Nach der Regel der kombinierten Wirkung würde jedoch ein einzelnes Unternehmen allein deshalb haftbar gemacht (und infolge des einstweiligen Rechtsschutzes zur Einstellung seiner Aktivität gezwungen), weil seine Emissionen zum Klimawandel beigetragen haben, auch wenn sie für sich betrachtet keine Auswirkungen auf das Klima gehabt hätten (Morris, 2008, S. 247).

Dieser Aspekt der haftungsrechtlichen Beilegung klimabezogener Streitfälle vor Gericht lohnt eine genauere Betrachtung. Man könnte meinen, der Gerichtsweg wäre zu kompliziert und ineffizient, um funktionieren zu können. Und tatsächlich werden vor Gerichten in den USA – wenn auch bislang meist ohne großen Erfolg – zahlreiche klimarechtliche Fälle verhandelt. In der Regel haben in diesen Fällen die Kläger den Versuch unternommen, Unternehmen Verstöße gegen die Umweltgesetze und -vorschriften nachzuweisen, anstatt sie haftungsrechtlich zu belangen (Sheppard, 2007). Die aktuell vor den Instanzen der US-Justiz verhandelte Klage, wonach $CO_2$-Emittenten für die Schäden des Hurrikans Katrina verantwortlich seien, bildet eine Ausnahme (Freddoso, 2010), die mit ihrem Versuch, Schadenersatz für die Auswirkungen eines spezifischen extremen Wetterphänomens zu erwirken, durchaus als ambitioniert zu bezeichnen ist.

Die Möglichkeit der Haftungsklage wurde in der akademischen umweltrechtlichen Literatur ausführlich diskutiert. Unüberwindbare Hindernisse traten dabei nicht zutage. Nach Meinung von Grossman (2003, S. 32 f; Allen, 2003) kann ein dem Anschein nach unteilbarer Schaden in einzelne Verschmutzungsmengen oder, im Falle eines Rechtsstreits, in einzelne Mengen klimawirksamen $CO_2$ (bei dem es sich selbstverständlich nicht um einen Schadstoff handelt) aufgeteilt werden. Das Urteil bezüglich des von den US-Streitkräften im Vietnamkrieg mit dem Codenamen „Agent Orange" belegten Pflanzenschutzmittels bewertete den entstandenen Schaden mithilfe einer Formel, in der Marktanteil und Dioxingehalt einander gegenübergestellt wurden (Hughes, Lin und Nesser, 2001, S. 55). Eine ähnliche Formel wäre auch in Bezug auf $CO_2$ und den Klimawandel denkbar. Der Einsatz einer solchen Formel würde zu keiner übermäßigen Ineffizienz führen, da die Anzahl nennenswerter $CO_2$-Emittenten überschaubar ist (Warne, 2007): 122 Unternehmen sind für 80 % der weltweiten $CO_2$-Emissionen verantwortlich (Burges Salmon, 2005, S. 13).

Es erscheint äußerst unwahrscheinlich, dass es dadurch zu einer endlosen Serie von haftungsrechtlichen Gerichtsverfahren käme, da ein einziger namhafter Fall den aktuellen Stand der Klimawissenschaft verdeutlichen würde und sowohl Kläger als auch Beklagte ihr Verhalten dem Urteil entsprechend anpassen würden, bis neue Entwicklungen in der Klimawissenschaft Zweifel darüber wecken würden, ob dieser weiterhin gültig ist. Im Falle von Verstößen $CO_2$-verursachender Unternehmen gegen Eigentumsrechte durch eine Erhöhung des Risikos eines gefährlichen Klimawandels, sollten diese aufgefordert werden, diese Emissionen nicht sofort, sondern nach und nach zu reduzieren. Anderen $CO_2$-Emittenten könnte auf diese Weise signalisiert werden, dass sie einem möglichen Gerichtsprozess durch eine freiwillige Reduzierung ihrer Emissionen vorzeitig entgegenwirken sollten. Haftungsrechtliche Gerichtsverfahren könnten, wie es scheint, aufgrund markteigener Mechanismen im Hinblick auf eine Reduzierung der $CO_2$-Emissionen wirksamer und effizienter gestaltet werden, als die bisherigen endlosen staatenübergreifenden Regierungsverhandlungen.

Eigentumsrechte in Klimafragen

**Einwand:** Die Tatsache, dass in einem von der menschlichen Aktivität unberührten Klima keine ausdrücklich zugewiesenen Eigentumsrechte vorhanden sind, schließt eine gerichtliche Beilegung aus.

**Erwiderung:** Die Tatsache, dass in einem von der menschlichen Aktivität unberührten Klima keine ausdrücklich zugewiesenen Eigentumsrechte vorhanden sind, schließt eine gerichtliche Beilegung nicht aus. Die Coming-to-the-Nuisance-Lehre besagt, dass „die Partei, die eine Ressource zuerst genutzt hat, das Recht haben sollte, diese auch in Zukunft zu nutzen" (Cordato, 1992, S. 103)[28]. Um herauszufinden, wie diese Lehre im Falle der AGE angewendet werden kann, ist eine recht umfassende Analyse erforderlich, es erscheint jedoch vernünftig von einer Annahme zugunsten der Parteien auszugehen, die sich bei der Niederlassung in bestimmten Gebieten zur landwirtschaftlichen Nutzung und

---

28  Was im Umkehrschluss bedeutet, dass Geschädigte, die sich trotz einer bereits vorhandenen störenden Aktivität in einem Gebiet ansiedeln, von Schadenersatzansprüchen ausgeschlossen würden. (Anm. d. Ü.)

Ausübung anderer Aktivitäten lange vor der Nutzung fossiler Brennstoffe in industriellem Umfang auf das vorherrschende Klima verlassen haben.

Im Allgemeinen ist die nationale Gesetzgebung ausreichend und Eigentumsrechte warten einfach darauf, durchgesetzt oder geschützt zu werden. Aussagen, wonach Einzelpersonen es den Regierungen überlassen müssten, sich einer wahrgenommenen Bedrohung durch die AGE anzunehmen, könnten als Anspruchsdenken gegenüber dem Staat ausgelegt werden. Die österreichische Strategie besteht darin, den bestehenden politischen Rahmen aufzulösen und es den Menschen selbst zu überlassen, sich an die Gerichte zu wenden, wenn sie der Auffassung sind, dass gegen ihr Recht darauf verstoßen wird, ihren Lebensunterhalt weiterhin ungehindert von nachteiligen Klimaveränderungen, die durch die wirtschaftliche Aktivität anderer hervorgerufen werden, zu verdienen.

Die Belastung von Unternehmen durch die Klimapolitik

**Einwand:** Eine gerichtliche Klärung von Streitfragen des Klimawandels würde die Industrie durch zusätzliche Vorschriften belasten.

**Erwiderung:** Die gerichtliche Klärung von Streitfragen zöge für die Industrie in einer privatisierten Klimapolitik aus dreierlei Gründen keine weitere Belastung durch staatliche Eingriffe nach sich: Erstens, weil zwar einige Unternehmen vor Gericht ziehen, jedoch alle davon profitieren würden, dass die Zwänge der bisherigen „Klimapolitik" abgeschafft wären. Die Pläne der EU zu einer Regulierung der Kohlenstoffemissionen von Kraftfahrzeugen würden ausgesetzt und, noch wichtiger, das ETS der Europäischen Union würde abgewickelt. Zweitens gäbe es im Gegensatz zur Auffassung von Simms (2003) der den „Schuldigen zur Kasse bitten" will, keine Schuldannahme. Und drittens nähme der voraussichtlich in einer Reihe von Gerichtsverfahren verlaufende Prozess der Feststellung von Schuld oder Unschuld einige Zeit in Anspruch. Durch die Privatisierung der AGE-Politik würde eine strenge Reduzierung der Kohlenstoffemissionen auf unbestimmte Zeit verzögert – eine Folge, die durchaus zu begrüßen wäre. Denn würde die AGE tatsächlich durch Kohlenstoffemissionen hervorgerufen, dann läge die Ursache hierfür in der über einen bestimmten Zeitraum angesammelten atmosphärischen Konzentration, nicht in den zusätzlich innerhalb eines beliebigen Jahres ausgestoßenen Kohlenstoffemissionen. Die Möglichkeiten, die sich durch diese zeitliche Verschiebung eröffnen würden, müssten dann genutzt werden, um das menschliche Wissen um die möglichen Auswirkungen von Kohlenstoffemissionen auf das globale Klima zu erweitern und damit das Risiko, durch übertriebenen kollektiven Aktionismus unnötige Kosten zu verursachen, einzuschränken.

„Bei der Klimawissenschaft handelt es sich um eine etablierte Wissenschaft"

**Einwand:** Der Kläger gewinnt in jedem Fall, da es sich um eine etablierte Wissenschaft handelt.

**Erwiderung:** Wie in Kapitel 4 dargestellt, handelt es sich keineswegs um eine etablierte Wissenschaft. Bezüglich zahlreicher Aspekte der Klimawandelthese bestehen wachsende Zweifel. Im September 2010 zollte die Royal Society, die einflussreichste wissenschaftliche Einrichtung Großbritanniens, dieser wachsenden Unsicherheit mit der Veröffentlichung einer überarbeiteten Fassung ihres klimawissenschaftlichen Leitfadens (Royal Society, 2010) Tribut. Hauptaussage dieses Leitfadens ist, dass „das Ausmaß eines künftigen Temperaturanstiegs sowie andere Aspekte des Klimawandels [...], insbesondere auf regionaler Ebene, nach wie vor von Unsicherheit geprägt [sind]." (S. 3). Ein Schluss, der Klima-Alarmisten missfallen dürfte ist, dass „manche Unsicherheiten beispielsweise aufgrund mangelnder Beobachtungen von Veränderungen bestimmter Aspekte [...] des Klimawandels in der Vergangenheit (S. 12)" vermutlich niemals nennenswert verringert werden können.

In einer derart unsicheren Situation könnte eine gerichtliche Lösung zwei positive Folgen für die Klimawissenschaft mit sich bringen. Die Gerichte würden wie im Microsoft-Fall Sachverständige als Zeugen laden. Der Wortführer der Klimaskeptiker, Fred Singer, freut sich laut eigenen Aussagen darauf, die „Beweise" der im englischen Sprachraum als „Anthropogenic Global Warming Alarmists" (AGWAs) bezeichneten anthropogenen Erderwärmungsalarmisten vor Gericht widerlegen zu können (Singer, 2008).

Die erste Folge einer gerichtlichen Klärung bestünde daher darin, das öffentliche Verständnis des Klimawandels zu verbessern. Berichte über Aussagen einer Reihe sachverständiger Zeugenaussagen würden eine ausgewogenere Bilanz der Klimawissenschaft verbreiten, als das parteiische und künstlich konstruierte Dogma des IPCC. Die Struktur der Klimawandeldebatte würde in der Folge nicht mehr lediglich als Auseinandersetzung zwischen zwei Parteien – des geeinten wissenschaftlichen Establishments gegen eine winzige Minderheit exzentrischer und extremer Skeptiker – wahrgenommen, sondern vielmehr um eine Reihe vernünftiger Positionen erweitert, die auch eine moderate Skepsis gegenüber zahlreichen Aspekten des Klimawandels einschlössen.

Die zweite Folge einer gerichtlichen Klärung wäre ein weiteres Vorankommen der Klimawissenschaft. Gerichtsverfahren bzw. die drohende Gefahr von Gerichtsverfahren könnten für Unternehmen, die kohlenstoffintensive Produktionsprozesse anwenden, ein wirksamer Anreiz dafür sein, in die Klimawissenschaft und ihre Verbreitung zu investieren und so das faktische Monopol des IPCC als Informationsquelle in Fragen des wissenschaftlichen Fortschritts und Instanz zu dessen Belebung aufzubrechen. Erreicht werden könnte dieses lohnende Ziel durch eine Intensivierung des Wettbewerbs zwischen verschiedenen wissenschaftlichen Hypothesen über den Klimawandel, sodass falsche Hypothesen in einer Art „kreativer Zerstörung" widerlegt und andere als vorläufig wahr akzeptiert werden könnten. Die Klimawissenschaft würde auf diese Weise der von Popper verfochtenen freundlich-feindlichen Zusammenarbeit von Wissenschaftlern näher kommen.

Gerichtsverfahren zur Klärung von Streitfragen des Klimawandels als öffentliches Gut

**Einwand:** Die Möglichkeit von Prozessen richtet sich gegen arme Opfer, die nicht über die Mittel verfügen, ein Gerichtsverfahren zu führen.

**Erwiderung:** Nehmen wir zunächst einmal an, die AGE-Hypothese wäre wahr. Während die Produktion unter Einsatz fossiler Brennstoffe vor allem in den wohlhabenden Industrienationen von Bedeutung ist, ist davon auszugehen, dass die Menschen, die am stärksten vom Klimawandel betroffen sein werden, hauptsächlich in Gesellschaften mit geringen Einkommen leben und nicht über die Mittel verfügen, ihr Land und ihre Existenz vor den Auswirkungen steigender Temperaturen zu schützen. Die Klimapolitik hat bislang wenig zur Lösung dieses Problems beigetragen. Fest steht, dass die politischen Entscheidungsträger in den Industrienationen sich im Hinblick auf den Aufbau einer übergeordneten konkreten Handlungsstruktur, die mit ihrer außerordentlich weit entwickelten rhetorischen Basis Schritt halten könnte, stark zurückgehalten haben.

Eine gerichtlicher Lösungsansatz eröffnet hingegen die Möglichkeit konkreten Handelns im Namen derer, die nicht über die Mittel verfügen, sich selbst zu verteidigen. Gerichtsverfahren sind ein öffentliches Gut, dessen Nutzen nicht ausschließend und nicht rivalisierend ist, und zwar nicht rivalisierend dahingehend, dass die Tatsache, dass A versucht nachzuweisen, dass B im Sinne der Gefährdungshaftung für die Auswirkung x verantwortlich ist, nicht dazu führt, dass die Möglichkeiten für andere, ebenfalls auf Gerichtsverfahren zurückzugreifen, eingeschränkt werden, sondern diesen im Gegenteil sogar als Anreiz dienen können, es ihm gleichzutun.

Andererseits kann es vorkommen, dass potenzielle Kläger zunächst abwarten und nicht willens sind, sich auf ein Verfahren einzulassen, bevor sie sehen, wie in anderen Fällen entschieden wird. Das erscheint jedoch eher unwahrscheinlich, da eine große Zahl Nichtregierungsorganisationen (NRO) und Regionalverwaltungen in dem Versuch, Umweltgesetze durchzusetzen, bereits Verfahren geführt haben und kaum anzunehmen ist, dass keine NRO bzw. Regionalverwaltung bereit wäre, das Risiko einzugehen, vor Gericht in einer Frage, die vielen von ihnen so wichtig ist, gegebenenfalls eine Niederlage zu erleiden.

Noch bedeutender ist jedoch die Tatsache, dass der mögliche Nutzen von Gerichtsverfahren im Zusammenhang mit einem mutmaßlichen Klimawandel nicht ausschließend ist, was sich daraus ergibt, dass der Klimawandel, wenn überhaupt, ein globales Problem ist. Wenn es tatsächlich zutrifft, dass Kohlenstoffemissionen zu einem gefährlichen Klimawandel führen, spielt es keine Rolle, wo sie reduziert werden, denn unabhängig vom Ort der Reduzierung wird letztlich die atmosphärische Kohlenstoffkonzentration insgesamt reduziert werden. Ein Beispiel: Eine Versicherungsgesellschaft in einer Industrienation verklagt einen industriellen Hersteller desselben Landes wegen des Ausstoßes von Kohlenstoff in die Atmosphäre. Angenommen, das Gericht ordnet an, dass der Hersteller seine Kohlenstoffemissionen einschränken muss und schafft damit einen Präzedenzfall, der weitgehend befolgt wird. Der Nutzen einer geringeren atmosphärischen Kohlenstoffkonzentration würde den gefährlichen Klimawandel nicht nur von der Versicherungsgesellschaft abwenden, die ursprünglich die Initiative ergriffen hat, und dieser Tausende von Pfund aufgrund von Forderungen für Überflutungs- und Sturmschäden ersparen, sondern von der gesamten Welt. Die Menschen, die in niedriger gelegenen Gebieten leben, müssten so bspw. nicht länger Angst vor Überschwemmungen haben.

Nehmen wir nun an, durch den Prozess der gerichtlichen Lösung von Streitfällen erweist sich die AGE-Hypothese im Laufe der Zeit als falsch. In diesem Fall würden nicht nur industrielle Produzenten in den wohlhabenden Teilen der

Welt, sondern Wirtschaftsteilnehmer weltweit von der Last der Reduzierung befreit – Industriebetriebe in den Entwicklungsländern ebenso wie Landwirte in armen Ländern.

Ist eine Weltregierung notwendig?

**Einwand:** Für eine angeblich privatisierte Klimapolitik wären, beruhend auf der gerichtlichen Klärung von Streitfällen, ein internationaler rechtlicher Rahmen sowie eine nationenübergreifende Regierungsstruktur erforderlich.

**Erwiderung:** Für eine wirksame gerichtliche Klärung von Streitfällen wäre kein internationaler umweltrechtlicher Rahmen erforderlich. Die Diskussion in Abschnitt 5.6 hat gezeigt, dass Prozesse, die von Klägern gegen Nutzer fossiler Brennstoffe in ihrem eigenen Land geführt werden, auch auf internationaler Ebene Folgen zeitigen könnten.

Das Problem möglicher Trittbrettfahrer wird oft als Rechtfertigungsgrund für staatliche Eingriffe herangezogen. Im Falle der gerichtlichen Klärung von Klimastreitigkeiten gäbe es ein solches Trittbrettfahrerproblem jedoch nicht. Im Gegenteil: Das Trittbrettfahrerproblem setzt als einziges Motiv Eigeninteresse voraus. Einige Kläger würden ihre Motivation jedoch aus dem Wunsch beziehen, den Armen und Schwachen zu helfen, das heißt aus altruistischen Gründen. Trittbrettfahrer wären damit kein Problem, sondern als nicht zahlende Begünstigte an Bord herzlich willkommen.

**Fazit**

Ein großer Teil dieses Beitrags befasst sich mit der Verteidigung der Forderung nach der Abschaffung der bevorzugten klimapolitischen Instrumente Steuern und Emissionshandel. Die zur Rechtfertigung dieser politischen Instrumente herangezogenen theoretischen Grundlagen weisen Schwächen auf, wobei die Klimawissenschaft ist nicht in der Lage ist, das Wissen zu bieten, das erforderlich wäre, um die aktuelle Politik hinreichend zu rechtfertigen. Der konstruktive Teil des Beitrags besteht, beruhend auf den gedanklichen Ansätzen der österreichischen und libertären Tradition, in dem Vorschlag einer privatisierten Politik, die den Klimawandel vielmehr als einen mutmaßlichen interpersonellen Konflikt, denn als Marktversagen betrachtet. Die Nutzung fossiler Brennstoffe sollte demnach wie jede andere wirtschaftliche Aktivität Nebenbedingungen unterliegen, deren Ziel es ist, Verstöße gegen die Eigentumsrechte anderer zu verhindern. Die gerichtliche Lösung von Streitigkeiten auf Grundlage der Gefährdungshaftung würde diese Rechte soweit wie notwendig schützen. Durch die Schaffung eines öffentlichen Forums für die Prüfung wissenschaftlicher Hypothesen über die Ursachen des Klimawandels in Form eines Wettbewerbs, könnten solche Gerichtsverfahren dem öffentlichen Verständnis und sogar dem Fortschritt der Klimawissenschaft zuträglich sein. Ziel des Beitrags war es, eine Strategie zu formulieren, die die Freiheiten aller Betroffenen so weit wie möglich schützt – der Nutzer fossiler Brennstoffe wie auch derjenigen, deren Existenz und Lebensraum in Gefahr ist, sollte sich die AGE-Hypothese als wahr erweisen.

**Literaturverzeichnis**

Adler, J.H. (2009): Taking Property Rights Seriously: The Case of Climate Change', Social Philosophy and Policy, 26: 296-316, Cambridge University Press.
Allen, M. (2003): 'Liability for climate change', Nature, Bd. 421, 27. Februar, S. 891-892.
Anderson, T.L. und Leal, D.R. (2001): *Free Market Environmentalism*, New York and Basingstoke: Palgrave.
Baliunas, S. (2002): 'The Kyoto Protocol and Global Warming', *Imprints*, Bd. 31, Nr. 3.
Block, W. (Hrsg.) (1990): *Economics and the Environment: A Reconciliation*, The Fraser Institute.
Booker, C. (2010): *The Real Global Warming Disaster*, Continuum International Publishing group.
Bouckaert, B. und De Geest, G. (Hrsg.) (2000): Encyclopaedia of Law and Economics, Edward Elgar Publishing limited.
Byatt, I. et al. (2006): 'The Stern Review: A Dual Critique, Part II: Economic Aspects', *World Economics*, Bd. 7, Nr. 4, Oktober-Dezember, S. 169-232.
Burges Salmon LLP (2005): 'Climate change litigation', *Environmental Legal Developments*, Burges Salmon LLP, Mai.

Carter, R.M., De Freitas, C.R., Goklany, I.M., Holland, D. und Lindzen, R. (2006): 'The Stern Review: A Dual Critique, Part I: The Science', *World Economics*, Bd. 7, Nr. 4, Oktober-Dezember, S. 167-198.

Civil Society Coalition on Climate Change (2007): *Civil Society Report on Climate Change*, London, International Policy Press.

Coase, R.H. (1960): 'The problem of social cost', *Journal of Law and Economics*, 4: 1-44.

Copp, S.F. (Hrsg.) (2008): *The Legal Foundations of Free Markets*, London: The Institute of Economic Affairs.

Cordato, R. (1992): *Welfare Economics and Externalities in an Open Ended Universe: A Modern Austrian Perspective*, Boston: Kluwer Academic publishers.

Cordato, R. (2004): 'Toward an Austrian Theory of Environmental Economics', *The Quarterly Journal of Austrian Economics*, Bd. 7, Nr. 1 (Spring), S. 3-16.

Curtin, T. (2009): 'The Contradictions of the Garnaut Report', *Quadrant*, Bd. LIII, Nr. 1-2, Januar-Februar.

Dawson, G. (2008): 'The Economic Science Fiction of Climate Change: A Free Market Perspective on the Stern Review and the IPCC', *Economic Affairs*, Bd. 28, Nr. 4, Dezember, S. 42-47.

EUA (2004): *Energy subsidies in the European Union: A brief overview*, EUA Technischer Bericht Nr. 1/2004, Europäische Umweltagentur, Luxemburg: Amt für Veröffentlichungen der Europäischen Gemeinschaften.

Freddoso, D. (2010): 'Suing our way to a carbon-free world', *The Examiner*, 24. März.

Grossman, D.A. (2003): 'Warming up to a Not-So-Radical Idea: Tort-Based Climate Change Litigation', *Columbia Journal of Environmental Law*, Bd. 28, Nr. 1.

Helm, D. (2005): *Climate Change Policy*, Oxford University Press.

Helm, D., Hepburn, C. und Marsh, R. (2005): 'Credible carbon taxes', in Helm, D. (2005).

Hoppe, H-H. (2004): 'Property, Causality, and Liability', *The Quarterly Journal of Austrian Economics*, Bd. 7, Nr. 4 (Winter), S. 87-95.

Hughes, A., Lin, E. und Nesser, I. (2001): 'Is the Climate Right? Climate Change Science, Legal Causation, and the Feasibility of a Climate Change Lawsuit', Yale Environmental Protection Clinic, Bericht Nr. 45. Intergovernmental Panel on Climate Change (2007): *WG1 Vierter Sachstandsbericht, Zusammenfassungen für politische Entscheidungsträger*, IPCC-Sekretariat, c/o WMO, Schweiz.

Johnston, J.S. (2010): *'Global Warming Advocacy Science: a Cross Examination'*, University of Pennsylvania Institute of Law and Economics Research Paper Nr. 10-08.

Kasper, W. (2007): 'The Political Economy of Global Warming: Rent Seeking and Freedom', in Civil Society Coalition on Climate Change (2007), S. 77-96.

McKitrick, R. et al. (2007): Independent Summary for Policymakers: IPCC Fourth Assessment Report, Vancouver: Fraser, www.fraserinstitute.ca.

Mendelsohn, R. (2003): 'The Social Cost of Carbon: An Unfolding value', paper prepared for The Social Cost of Carbon Conference, London, 7. Juli.

Morris, J. (2003): 'Climbing out of the hole: sunsets, subjective value, the environment and English common law', *Fordham Environmental Law Journal*, 14(2): 343-74.

Morris, J. (2008): 'Private versus public regulation of the market', in Copp (Hrsg.) 2008.

Nordhaus, W.D. (2007): *The Challenge of Global Warming: Economic Models and Environmental Policy*, New Haven, Connecticut, USA, Yale University Press.

Nozick, R. (1974): *Anarchy, State, and Utopia*, Oxford: Blackwell.

Pearce, D. (2005): *'The Social Cost of Carbon'*, in Helm, D. (2005).

Pennington, M. (2005): 'Liberty, Markets and Environmental Values: A Hayekian Defence of Free Market Environmentalism', *Independent Review, 10, 1, 39-57*.

Popper, K.R. (1965): Conjectures and Refutations, London.

Rothbard, M. N. (1990): 'Law, Property Rights, and Air Pollution', in Block (Hrsg.) (1990) (Abdruck aus *The Cato Journal*, Bd. 2, Nr. 1, Frühjahr 1982.

Royal Society, *Climate change: a summary of the science*, September 2010.

Schäfer, HB. (2000): 'Tort Law: General' in Bouckaert, B. und De Geest, G. (Hrsg.) (2000).

Schäfer, HB. und Schönenberger, A. (2000) 'Strict Liability Versus Negligence' in Bouckaert, B. und De Geest, G. (Hrsg.) (2000).

Sheppard, N. (2007): 'Law Firms Preparing to Sue Over Global Warming', NewsBusters, 26. Juni.

Simms, A. (2003): 'Global warming: make the guilty pay', *New Statesman*, 8

Singer, F. (1999): 'Human Contributions to Climate Change Questionable', *EOS, Transactions American Geophysical Union*, (80) S. 183 und S. 186 ff.

Singer, S.F. (2008): 'The Week That Was', sepp.org, 29. November.

Stern, N. (2006): *The Economics of Climate Change: the Stern Review*, HM Treasury, http://www.hmtreasury.gov.uk/independent_reviews/ stern_review_economics_climate_ change/sternreview_index.cfm.

Stern, N. (2007): *The Economics of Climate Change: the Stern Review*, Cambridge, UK: Cambridge University Press.

Svensmark, H. und Calder, N. (2007): *The Chilling Stars: A New Theory of Climate Change*, Triplow: Totem Books.

Swanson, T. und Kontoleon, A. (2000): 'Nuisance' in Bouckaert, B. und De Geest, G. (Hrsg.) (2000).

Tietenberg, T. (2005): 'The tradable-permits approach to protecting the commons: lessons for climate change', in Helm, D. (2005).

Tol, R.S.J. und Yohe, G.W. (2006): 'A Review of the Stern Review', *World Economics*, Band 7, Nr. 4, Oktober-Dezember, S. 233-50 ff.

Warne, P. (2010): 'Climate-change litigation post-Copenhagen', *Energy*, 14. Oktober.

# Die Autoren/Herausgeber

**Dr. Rögnvaldur Hannesson**, geb. 1943, lehrt als Professor für Wirtschaftswissenschaften an der Norwegian School of Economics and Business Administration Ressourcenökonomie und Wachstumstheorie. Seine Forschungsarbeit konzentriert sich auf die Ökonomie natürlicher Ressourcen, insbesondere die Fischereiökonomik sowie die Bedeutung von Eigentumsrechten für die Nutzung natürlicher Ressourcen. Er ist Autor mehrerer Bücher zur Ressourcenökonomie, in denen neben der Fischereiökonomie auch die Ökonomie und das nachhaltige Management mineralischer Ressourcen behandelt werden. Im Jahr 2004 erschien mit „The Privatisation of the Oceans" bei MIT-Press eine wissenschaftliche Analyse der Rolle von Eigentumsrechten in der Fischereiwirtschaft. Daneben schrieb er eine Reihe von Aufsätzen für referierte Fachzeitschriften wie *Marine Policy, Marine Resource Economics, Journal of Environmental Economics and Management* u.v.m.

**Dr. Rolf D. Baldus**, Diplom-Volkswirt, geb. 1949, arbeitete nach der Promotion als Berater für deutsche und internationale Entwicklungsorganisationen und war gleichzeitig Geschäftsführer des elterlichen mittelständischen Handwerksbetriebes. Danach arbeitete er als persönlicher Referent des Bundesministers für Wirtschaftliche Zusammenarbeit, später als Referatsleiter Entwicklungspolitik im Bundeskanzleramt und als Referatsleiter Südkaukasus und

Zentralasien im BMZ. 13 Jahre war er Berater der tansanischen Regierung im Naturschutz und Management von Nationalparks. Er lebt heute als Schriftsteller in Bad Honnef.

**Michael Miersch**, geb. 1956, ist Ressortleiter Forschung, Technik, Medizin beim Nachrichtenmagazin FOCUS. Er schrieb, meist zusammen mit Dirk Maxeiner, mehrere Bücher zu Umweltthemen, von denen einige Bestseller wurden. Miersch ist Autor zahlreicher Dokumentarfilme über Natur und Tiere. Gemeinsam mit Maxeiner und Henryk M. Broder betreibt er das Autoren-Blog www.achgut.com. Mehr über Michael Miersch erfahren Sie unter: www.maxeiner-miersch.de.

**Dr. Graham Dawson** studierte Philosophie, Politikwissenschaften und Ökonomie und ist Gastdozent am Max Beloff Centre for the Study of Liberty der University of Buckingham. Er ist Autor des Buches *Inflation and Unemployment: Causes, Consequences and Cures* und veröffentlichte Aufsätze in verschiedenen wissenschaftlichen Zeitschriften, wie *Philosophy and Economics, Risk, Decision and Policy, Philosophy* und *Economic Affairs*.

**Steffen Hentrich**, geb. 1968, ist Volkswirt. Seit 2008 arbeitet er als Referent im Liberalen Institut der Friedrich-Naumann-Stiftung für die Freiheit. Davor war er wissenschaftlicher Mitarbeiter beim Sachverständigenrat für Umweltfragen und forschte am Institut für Wirtschaftsforschung in Halle (Saale) im Bereich der Umwelt- und Energiepolitik.

Er ist Autor zahlreicher Beiträge für Zeitungen, Zeitschriften und freiheitliche Blogs.